Stefanie Zweig

Am Sonntag kommt
das Enkelkind

W0062377

Stefanie Zweig

Am Sonntag kommt das Enkelkind

*und andere Einblicke
in meine Welt*

Langen*Müller*

*Meinem Großneffen Max Zweig, dem ich
den Blick in die Welt der Kinder verdanke.*

Besuchen Sie uns im Internet unter
www.langen-mueller-verlag.de

© 2011 by Langen*Müller* in der
F.A. Herbig Verlagsbuchhandlung GmbH München
Alle Rechte vorbehalten
Schutzumschlag: Wolfgang Heinzel
Der Abdruck des Umschlagmotivs erfolgt mit
freundlicher Genehmigung der Swarovski AG
Satz: Ina Hesse
Gesetzt aus: 10,7/13,5 GaramondBQ
Druck und Binden: GGP Media GmbH, Pößneck
Printed in Germany
ISBN 978-3-7844-3256-4

Kein Pudding für die Enkelkinder

Sonntags gibt es für die Enkelkinder Hühnchen und einen Berg von Schokoladenpudding mit butterblumengelber Vanillesauce im Glaskrug. Der Nachmittagskakao heißt Schokolade, und der Kuchen hat Streusel. In der Uhr wohnt ein Kuckuck. Oma sitzt im Schaukelstuhl, strickt Strümpfe und erzählt von Dornröschen und dem Prinzenkuss.

Das alles war einmal und kommt nicht wieder, wenn es auch noch Menschen gibt, die diese Bilderbuchzeiten erlebt haben. Urgroßmütter sind heute die Kinder von damals, oft fällt es ihnen schwer zu fassen, was mit der Welt geschehen ist, seitdem das Sauerkraut nicht mehr aus dem Fass verkauft wird und Heringe nicht mehr in Zeitungspapier.

Die Enkel dieser Urgroßmütter sind erwachsen. Sie mögen weder Pudding noch Kuckucksuhren, finden das Leben stressig und Arbeit eine Zumutung. Ihre Kinder nennen sie Kids, fordern für sie Ganztagsschulen und zweisprachige Kindergärten. Die Oma alter Schule ist derweil zur Powerfrau mutiert. Ihre Haare sind heute grau und morgen blau, sie sorgt sich um ihre Taille, hat einen Beruf, geht abends ins Fitnessstudio und samstags in den Literaturkurs.

Es sind die Urenkel, die alten Menschen helfen, die

moderne Welt zu durchschauen. Mir hat die Glücks-fee den Großneffen Max beschert – ein Technikfreak mit geschickten Händen ist er, der sich für Lampen, Schrauben und Türschlösser interessiert. Handys schätzt er hoch, Automarken kennt er wie ich in sei-nem Alter die Namen meiner Puppenkinder. Ich baue darauf, dass Max mir bald die Kindersicherungen an den Putzmittelbehältern aufschraubt. Verlangt es ihm nach Schneewittchen, holt er sich die Zwergenwelt von Papas iPad.

Wie schön, dass dieses Kind des 21. Jahrhunderts sich noch mit großem Vergnügen aus Büchern vorle-sen lässt. Das spornt seine Großtante, die Bücher schreibt, dazu an, den Griffel nicht aus der Hand zu legen.

Obwohl sie keine Bilder haben, greift der Dreijähri-ge immer wieder nach der japanischen Ausgabe von meinem Buch »Nirgendwo in Afrika«. Philosophen-ernst schaut er auf die schönen Schriftzeichen, oder er lächelt wie ein junger Mann, den zum ersten Mal Amors Pfeil getroffen hat. Und weil ich trotz meiner 78 Lebensjahre noch immer nicht gelernt habe, ver-zauberten Momenten zu widerstehen, bricht mir das Herz. So wie ein Kinderlächeln wärmt kein Sonnen-strahl. Gesegnet seien die Herzensbrecher, die noch nicht wissen, was sie tun.

Glück im Zopfmuster

Sie stricken in Lüneburg und in Liverpool, an der Loire, unter Südtiroler Apfelbäumen und auf der schwäbischen Eisenbahn. Eine Zeitlang wurde bei uns die Kunst der klappernden Nadeln als altmodisch und hausbacken diffamiert. Strickende Frauen sahen nach landläufigen Vorurteilen alle wie die Witwe Bolte aus, der Max und Moritz das Mittagessen klauen.

Zwei rechts, zwei links, Maschen zählen, Muster stricken, das alles passte nicht ins Bild unserer Zeit. Lorbeeren bekommen heute die coolen Typen, die auf Erfolg getrimmten Powerfrauen und die Businessladys, die nicht vergessen, regelmäßig ihr Innenleben zu entkernen und ihr Herz auszukehren. Solche Erfolgsamazonen geben sich nicht damit ab, dem Teddy der Tochter ein Mützchen zu stricken oder dem Gatten einen Pulli im Zopfmuster. Es war nie anders. Cleopatra hat sich einen Dreck darum geschert, ob Cäsar wollene Socken für kalte Nächte hatte, Katharina die Große hat nicht gestrickt, obgleich man in Russland wahrlich warme Sachen braucht, und Englands Suffragetten, die ja mit als erste auf die Idee kamen, Frauen und Männer wären gleich gestrickt, haben sich an Zäune gekettet. Das ist beim Stricken hinderlich.

Heute darf jede Frau mit Wolle werkeln, ohne in

den Verdacht der Spießigkeit zu geraten. Bankerinnen und Politikerinnen stricken, Elektronikspezialistinnen ebenso und auch die Psychiaterin mit zwei Doktortiteln. Wetten, dass Angela Merkel stricken kann? Sie entstammt ja der Generation, die zu Muttis Geburtstag selbst gemachte Topflappen abzuliefern hatte. So weit, dass Frau M. im Bundestag einen gestreiften Schal strickt, um ihre Hosenanzüge aufzupeppen, sind wir zwar noch nicht, aber Stricken ist total in. Es gilt als kreativ und nervenberuhigend.

Die Stricknadeln sind schöner und flexibler als früher; wer sich aufmacht, um Wolle zu kaufen, vermag kaum zu fassen, was aus einem Schaf alles werden kann. Geschäfte für die handarbeitende Zunft sind Wärmestuben für die Seele. Hier treffen sich Alt und Jung, Anspruchsvolle und Bescheidene, Sparsame und Verschwenderinnen. Die Beraterinnen (sie Verkäuferinnen zu nennen, wäre unfein) sind geduldig, liebenswürdig, interessiert und sachkundig.

Nach langen Jahren der Abstinenz stricke ich auch wieder. Neulich machte mir ein Teenager mit lila Haaren ein Kompliment für meine selbst gestrickte Mütze. Seitdem trage ich den Kopf in den Wolken. Im Himmel stricken sie nämlich ihre Schals aus Sonnenstrahlen.

Wer singt denn noch die alten Lieder?

Schrill zwitschert die Amsel vom Mutterglück. Sie ist berauscht vom Krokuswein und verwechselt den März mit dem Mai, aber die Dame täuscht sich. Die Sonne schluckt nämlich Grippepillen und schlürft Kamillentee. Das Frühjahr ist heute laut Kalender einen Tag alt, doch absolut noch nicht da. Die Magnolienblüten haben die Premiere verschoben, Schmetterlinge studieren die Angebote für Heizkissen. Die Gänseblümchen hocken auf dem Rasen, der noch nicht sprießt, und meditieren über den Sinn des Lebens.

Kein Kind erfährt mehr, dass im März der Bauer die Rösslein anspannt, denn die jungen Mütter singen nicht mehr die alten Lieder. Nur grauhaarige Weltflüchtlinge lesen noch Gedichte. Im Fernsehen führen Models mit starrem Blick schon die Mode für den nächsten Winter vor. Viel Schwarz ist angesagt und noch mehr Traurigkeit.

Wir reden immerzu von Krisen und nie von Frühlingsbrisen. Wer weiß, ob die Störche noch Babys mit sich führen, die in roten Tragetüchern liegen und vom Leben schwärmen? Fingen nicht in früheren Jahren um diese Jahreszeit die ersten Hasen mit dem Eierlegen an? Das Gerücht will aber wissen, dass sie noch über das Recht der deutschen Löffelträger zur eigenständigen Herstellung von Nougat und Marzipan debattieren. Ein jeder, so stand jüngst in einem gut informierten Hasenblatt zu lesen, neide dem anderen entweder die Mandeln oder die Eierfarben.

Hausfrauen turnen nur noch selten auf dem Fenstersims. Die Teppichklopfer aus Rohr wanderten auf den Speicher. Teppiche werden nicht mehr verprügelt. Wen verlangt es noch nach der Aprilfrische alter Art, wer schrubbt noch Bellos Körbchen mit Seifenlauge aus? Wenn es kein Frühjahr gibt, wozu den Staub durchs Zimmer jagen, weshalb den Seidenkissen den Hintern versohlen?

Wer die Flinte ins Korn wirft, tut nicht gut. Ist auch nicht auf den Frühling Verlass und schon gar nicht auf den Kalender, der ihn meldet, so sollten wir doch unseren Kopf hoch und die Augen offen halten. Der Lenz war doch immer ein launischer Kerl. Er führt seit jeher Mensch und Tier an der Nase herum, versteckt sich hinter Bäumen und dreht Däumchen im Gebüsch. Ein Unmensch ist er aber nicht. Letzten Endes kommt er nämlich doch mit blauem Stirnband und mit Glück in Tüten. In der Hand hält er einen blühenden Mandelzweig, morgens duftet er schon nach Vanille und pfeift frohe Lieder. So ist es jedes Jahr gewesen, so wird es auch diesmal sein. Dann wird der Himmel veilchenblau, die Vögel proben große Oper. Selbst von Straßenlaternen regnet es Blütenstaub. Und der Mensch lernt wieder zu glauben. Eines Tages weiß er ganz genau, dass Träume keine Schäume sind und Liebesschwüre grundsätzlich von Dauer.

Was schief gehen kann, geht schief

Hatte einstens ein Zug nur drei Minuten Verspätung, dann war es bestimmt einer aus dem Ausland. Oder der Lokomotivführer war kein Deutscher. Und die Uhr, auf die man geschaut hatte, war auch nicht von hier. Weil mein Gedächtnis so gut ist, wie die Reichsbahn einst war, kann ich mich leider an die Zeiten erinnern, als bei uns die Dinge noch funktionierten. Wie am Schnürchen, pflegte man damals mit geziemendem Stolz zu sagen. Das hat sich mächtig geändert. Was heute schiefgehen kann, geht auch schief.

Ein Zug der Bundesbahn verspätet sich nicht mehr um läppische drei Minuten. Vierzig sind keine Ausnahme. Die werten Reisenden werden um Verständnis gebeten. Leider funktionieren die Lautsprecher gerade nicht. Oder der Verkünder des Ungemachs hat Schnupfen und nuschelt. Allerorten gibt es zur täglichen Portion Leben die kleinen Fehler als Gratiszugabe. Des Öfteren auch die großen Pannen. Der Klempner kommt zwei Stunden später als angesagt. Er ist schuldlos, sein Auto hat gebockt. In der Pfanne schmilzt das Schnitzel. Frau Metzgermeisterin bedauert. Die Bauern seien schuld. Sie ernährten ihre Kälber falsch. Der Pullover, obgleich nach Anweisung behandelt, passt nach der Wäsche allenfalls Schneewittchens Zwergen. Das liegt bestimmt an einem pflicht-vergessenen Schaf. Das Buch konnte nicht rechtzeitig ausgeliefert werden. Den Druckmaschinen war übel. Wen immer wir am Telefon suchen, ist laut Kollegen-auskunft gerade nicht am Platz. Die Zusage, er ruft zu-rück, oder das Versprechen, ich werde mich darum kümmern, bedeuten: Das können Sie vergessen. Ver-duften Sie, aber dalli.

Im Restaurant sind die Kartoffeln halb gar und die Scholle in Panade erstickt, aber der Koch kann nichts dafür. Fahrkartenautomaten futtern auch an Streikta-gen Groschen. Kranke werden zum Arzt bestellt und müssen dort so lange warten, als wären sie Bittsteller. Bürgertelefone schweigen, die elektronische Anzeige gibt falsche Abfahrtzeiten für die Züge an. Der Brief-träger hat die Post verwechselt, die Hebamme zwei Babys. Der Chef hält sich für Superman. Auch Neuro-sen wachsen Dornen. Und geht eines Tages die Welt unter, will es keiner gewesen sein.

Das Kind beim Namen nennen

Bei der Namenswahl für Tochter und Sohn haben Eltern heute viel mehr Phantasie als frühere Generationen, die ihre Söhne Hans und Dieter nannten und dann Hans-Dieter für so avantgardistisch hielten wie ein Bild von Picasso und eine Frau am Steuer. Geblieben ist seit Adam und Eva das Bemühen, per Vorname kenntlich zu machen, dass das eigene Kind ein ganz besonderes ist. Amadeus heißt der Sohn von Boris und Lilly Becker – nicht zu verwechseln mit dem noch berühmteren Mozart, der auch Amadeus hieß, aber mit einem gutbürgerlichen Wolfgang davor.

Gutbürgerliches wird heute vor allem von der Rampenlicht-Elite gescheut. Wer vom Auffallen lebt, will auch, dass der Nachwuchs schon im Windelalter beweist, dass er kein beliebiger Hans oder Gretchen ist.

Oliver Pocher, als Komödiant in Diensten des deutschen Humors tätig, und Frau Sandy haben ihre Tochter Nayla Alessandra genannt. Die Fußball-Beckhams ihre Söhne Brooklyn Joseph, Romeo und Cruz. Die Idee, sein Fleisch und Blut nach dem Ort der Entstehung zu nennen, ist nicht neu. Paris Hilton tut seit Äonen kund, dass ihre Wiege nicht in Posemuckel stand. Der Sohn von Verona Pooth heißt nicht etwa Spinat wie das Gemüse, das seine Mami berühmt gemacht hat, sondern Diego. Sollte er Stierkämpfer werden wollen, ist so ein Name besser als Otto. Heikler finde ich es, wenn ein Mädchen Kingston heißt, was wohl nicht nur für die Beziehung der Mutter (Sängerin Gwen Stefani) zu Jamaika spricht, sondern darauf hindeuten könnte, dass Mummy leicht gaga sein dürfte.

Dankbar bin ich meinen Eltern, dass sie mich nicht Leobschütz genannt haben. Ich stelle es mir schrecklich vor, für den Rest des Lebens erklären zu müssen, dass es sich bei Leobschütz um eine oberschlesische Kreisstadt handelt, die heute polnisch ist und Glubczyce heißt. Stefanie war selbst für meine Mitschülerinnen und Lehrer in Kenia leidlich gut aussprechbar – eine kleine Entschädigung, dass mein Nachname für anhaltenden Argwohn in Bezug auf meine politische Zuverlässigkeit sorgte.

Sind Vornamen auch Sache der Eltern, so müssen ausschließlich die Kinder auslöffeln, was Mami und Papi ihnen einbrocken. Wie gut, dass in Deutschland per Gesetz nicht alles geht, was Kleinhirnen einfällt. Sind zwar auch hier schon Namen wie Che, Cheyenne und Emma Tiger ein alter Hut, darf niemand sein Kind Eisenbahn, Telefon, Laptop oder Joystick nennen. Noch nicht.

Hilfe, Rucksäcke!

Unsere Ahnen, die Affen, trugen keine Rucksäcke. Der Affenmann hält sich aus Prinzip den Buckel frei, die Damen benutzen vorwiegend den Bauch, um ihre Babys von A nach B zu transportieren. Uns ging es hingegen schon immer um praktisches Reisegepäck. Schon Ötzi, der Steinzeitmann, wurde mit einem Gerät aufgefunden, an das sich Gegenstände binden ließen. Die findige Konstruktion war zweifellos der Vorläufer des Rucksacks. Als der Mensch dann Stoff und Leder zu nutzen begann, begriff er vollends, wie nützlich so ein Tragegerät ist.

Der globale Siegeszug des Rucksacks setzte natürlich erst ein, als sowohl Sklaven als auch Packesel nicht mehr zur Verfügung standen. Fortan mussten alle außer Kaiser, König und Hochadel ihre Lasten selber tragen. Bei Naturvölkern wird traditionsgemäß noch der Frauenrücken beladen.

Ursprünglich saßen die Rucksäcke stramm auf dem Rücken von Globetrottern (ein hübsches Wort für Nichtstuer und Erlebnishungrige, das nicht mehr in Mode ist). Heute kommt praktisch auf jeden Rücken ein Rucksack, wobei das Känguru ihn vorne trägt und Babytragetasche nennt. Der altmodische Kinderranzen wurde durch einen schicken Rucksack ersetzt.

Mami braucht ihn, um Lauchstangen und Flipflops zu transportieren. Selbst in den Kindergarten gehen die Kleinen nicht mehr ohne. Das Partyoutfit für den Abend kommt in den Rucksack – und auch das Schwarzbrot, das Leute mit Fernweh in der Fremde brauchen, um sich in Hinterindien heimisch zu fühlen. Banker schnallen ihre Berufshabe auf den Rücken. Auf Neudeutsch spricht man vom Backpack. Man achte, dass die Marke gut sichtbar und dem Ansehen förderlich ist. Was Rucksackträger allerdings so gut wie immer übersehen, ist der Umstand, dass sie mit Rucksäcken und unterwegs doppelt so viel Umfang haben wie zu Hause und im Nacktzustand. Und leider auch die doppelte Kraft. Selbst schwächlichen alten Frauen gelingt es mühelos, mit einem Rucksack ihre Mitmenschen aus dem Gleichgewicht zu schubsen. Die Jugend tut so etwas eher im Ausnahmefall, aber kaum hat so ein junger Spund ein öffentliches Verkehrsmittel geentert, macht er seinen Rücken frei. Mit trutzigem Blick lässt er wissen, dass sein Rucksack auf dem freien Platz neben ihm sitzen wird und damit basta. Und wer von den Alten käme auf die absurde Idee zu sagen: »Pardon, könnten Sie bitte Ihren Rucksack auf den Schoß nehmen?«

Nur nicht forsch werden, bloß keine altmodischen Benimmregeln wieder einführen. Machen wir uns lieber endgültig klar, dass Menschen, die mit einem Rucksack ihr Heim verlassen, sich von überflüssigem Ballast befreien möchten. Deshalb lassen sie Rücksicht, Anstand und Höflichkeit zu Hause.

Achtung: Snob!

Bedenken wir, wie schnell sich die Welt verändert, ist es ein großes Wunder, dass wir ein Würstchen immer noch ein Würstchen nennen und uns sogar mit armen Würstchen auskennen. Trotzdem ist zu beklagen, dass Goethes Muttersprache genauso aus der Mode gekommen ist wie Zopffrisur und Gartenzwerg mit Arbeitsvertrag.

Das neueste Beispiel für den Hang der Deutschen zum Fremdgehen wurde mir um die Ohren geschlagen, als ich in einem supermodernen Laden nach der Umkleidekabine fragte und mir ein zum Geschäft glänzend passender Snob (weiblich) angeekelt den Weg zu den Räumlichkeiten in der Changing Area wies. Ich gestehe, dass mich ein heißer Drang packte, dem smarten Wesen ein Glas Wasser (oder muss es heutzutage Prosecco sein?) über den Kopf zu schütten. Ich bin eben von der altmodischen Art. Als Kind wurde mir verboten, ständig o.k. und sorry zu sagen. Wahrscheinlich ist das der Grund, weshalb ich heute nicht schlau genug bin, um dahinterzukommen, welcher Teil vom Huhn ein Chicken-Nugget ist, wozu ein Haar-Conditioner gut ist und wieso ein leuchtendes Rot »Intense Red« genannt wird.

Stil, so fällt mir auf, wird neuerdings von Zeitschrif-

17

ten, die keinen solchen haben, Style geschrieben. Schuhe, die aussehen, als hätten Aschenputtels miese Stiefschwestern das Messer angelegt, um Platz für ihre Zehen zu schaffen, nennt die Branche Peeptoes. Eine Handtasche, in die nicht viel mehr als der Lippenstift und Schatzis Kreditkarte passen, ist eine Clutch, was nicht mit dem herzhaften germanischen Ausdruck Ich klatsch dir eine! zu verwechseln ist.

Alles sehr schade. Gerade haben sich die meisten Ärzte abgewöhnt, mit ihren Patienten Latein zu reden. Feine Leute parlieren auch nicht mehr, wie in höfischen Zeiten, Französisch. Ciao sagt höchstens nur noch eine deutsche Landpomeranze, die Coffee to go verkauft.

Trotzdem ist sprachlich nicht alles in Butter: Wer nämlich nur Deutsch gelernt hat, braucht einen Vermittler, der sich mit den Gepflogenheiten der Zeit auskennt. Steht zu lesen, wir bleiben gute Freunde, und stammt die Ankündigung von einem Ehepaar, heißt das, wir leben in Scheidung und kämpfen bis zur letzten Kuchengabel. Wer sich eine Auszeit von der Liebe nimmt, dem hängt der Partner zum Hals heraus. Eine Blitzbeziehung ist eine Lebensform, in der die Beteiligten noch nicht einmal Zeit hatten, den Nachnamen des Bettgenossen zu erfahren. Und was ein One-Night-Stand ist, sollten Eltern ihre Kinder fragen (ab 10). Korrektes Oxford-Englisch nützt da gar nichts.

Der Held der westlichen Welt

Obwohl in keinem Teil der Welt lange Ohren und eine auffällige Zahnstellung als Karriere fördernd gelten, hat es der einfache Feldhase doch enorm weit gebracht. Um diese Jahreszeit fällt das besonders auf. Sobald die Bäume blühen und die Osterglocken läuten und ein jeder Träumer das Gras wachsen hört, wird aus dem ganz gewöhnlichen Nagetier der Held der westlichen Welt. Eine markante Erscheinung war er zwar nie, aber seine Augen sind aus Samt, und sie erzählen wundersame Geschichten – von verzauberten Glockenblumen und von Silberwolken, die nur die privilegierten Hasen sehen.

Kaltschnäuzige Zeitgenossen sind so frivol, ausgerechnet zur Osterzeit darauf hinzuweisen, dass die Jägersleute und jeder gewöhnliche Dorfköter und selbst die dümmsten Füchse so einem armen Löffelmann nach dem Leben trachten. Und vergessen wir die Köche nicht, die nach dem wahren Lebensglück in Pfannen und Auflaufformen suchen. Die servieren Hasenbraten mit Orangensauce, Petersiliensträußchen und feinen Klößen. Allerdings schreckt ein Koch, der auf Niveau hält, Ostern doch davor zurück, ausgerechnet das Wappentier des Festes zerlegt auf den Tisch zu bringen. Der Osterhase mit der großen Kiepe, der Eier bemalt und Eier legt und sie hoppelnd von Waldhöhlen und Wiesengründen in Vorgärten schleppt, hat sich nämlich allen Strömungen der Zeit und jedem modischen Trend widersetzt. Weder haben ihn Pfeil und Bogen noch die Erfindung des Schießpulvers aus unserer Welt verbannt und schon gar nicht die Vorliebe der Menschen für Hasenpasteten mit grünem Pfeffer und Cognac.

Ein schlauer Hasenmeister hat nämlich in grauer Vorzeit die lebensrettende Kunst des Hackenschlagens erfunden. Die ist heute noch das A und O im Überlebenskampf eines Hasen. Ist er besonders keck und gut gelaunt, zieht er gar dem Jägersmann im grünen Rock eine lange Nase und schießt ihn tot. Peng, peng, das war's! Nachzuschlagen im »Struwwelpeter«, der Pflichtlektüre für Hasenkinder.

Heute kommen nur garstige Wortverdreher noch auf die Idee zu behaupten, der Osterhase wäre ein Fabeltier. Die Schokoladenindustrie beweist das schmackhafte Gegenteil. Ohne Osterhasen wäre sie eine Einrichtung zur Unterstützung Not leidender Zahnärzte wie andere auch.

Neuerdings leistet sich Meister Lampe gar eine eigene Werbeabteilung. Soeben ließ die uns wissen, dass der Genuss von Eiern in beliebiger Menge erlaubt und sogar empfehlenswert ist. Noch wichtiger: Schokolade mache nicht dick, aber glücklich. Kein Wunder, dass man in Hasenkreisen grinst, wenn die Rede auf den Menschen kommt!

Wer sagt denn heute noch Servus?

Als die römischen Legionäre nach Hause marschierten, kam bei uns der gefällige Gruß »Salve« aus der Mode. Jahrhunderte später ging es dem tristen »Leben Sie wohl« ebenso. Wer noch das gefällige »Grüß Gott« sagt, erntet meistens ein patziges »Wenn ich ihn sehe«. »Mahlzeit« als Wort zum Mittag ist auch nicht mehr angebracht. Die Generation Fastfood, die ihre Nase in eine Tüte Frites gräbt, solle aus humanitären Gründen nicht an die Zeiten der gedeckten Tische und vollen Suppenterrine erinnert werden.

Begrüßungsformeln und Abschiedsfloskeln gehen genauso mit der Zeit wie Schuhe, Autos und Sprache. Was gestern noch als gut befunden wurde, ist heute ein alter Hut und morgen bereits ein Fall für die Sprachforscher. Eines Tages werden Kulturlexika vermerken, wie sich die Deutschen voneinander verabschiedeten, ehe der Abschiedsgruß »Einen schönen Tag noch!« in Gebrauch kam. Haben wir etwa bei einer Trennung »Auf Wiedersehen« gesagt oder gar »Wir müssen uns unbedingt bald mal länger treffen«? »Auf Wiedersehen« ist ein Wort der Gewohnheit und nicht ernst gemeint. Den meisten Menschen reicht es, wenn sie nur einen Bruchteil der Leute wiedersehen, von denen sie sich verabschiedet haben. Längere Treffen mit Leuten, die einem zufällig über den Weg laufen, mag man schon gar nicht. Und wie aufrichtig ist es, wenn man beim Abschied »einen schönen Tag noch« sagt?

Die Floskel erreichte uns aus England und Amerika, und wie die meisten Importe von dort eroberte sie schlagartig die deutschen Lande. Nun wünscht man sich von Flensburg bis zum Bodensee bei Trennungen jeglicher Art »einen schönen Tag noch« gleichgültig, was die Uhr geschlagen hat, unabhängig von Bildung und Stand. Ein Taxifahrer mit Russisch als Muttersprache wünschte mir gestern einen schönen Tag, obgleich vom Tag gerade noch elf Minuten übrig waren. Die Verkäuferin, die mit eindeutigen Blicken zu verstehen gab, dass sie mich für die größte Zumutung seit der Sintflut hielt, wünschte mir einen schönen Tag. »Einen schönen Tag«, sagt die Assistentin vom Zahnarzt, wenn der Patient mit schmerzverzerrtem Gesicht die Praxis verlässt. Und hat man soeben erfahren, dass das Depot abermals geschrumpft ist, wird es der Bankberater beim Abschied bestimmt nicht unterlassen, »einen schönen Tag« zu wünschen.

Damit das Leben farbiger wird, hätte ich gern einen neuen Abschiedsgruß. So einen unverbindlichen, den ich auf die Goldwaage legen kann, ohne gleich zu grübeln. Vielleicht wieder Ciao oder Servus, von mir aus auch das klassische Salve oder das hübsche Winke-Winke aus Kindertagen. Mögen Sie alles nicht? Dann wünsche ich Ihnen noch einen schönen Tag.

Der Portugiesische Wasserhund

Zugegeben: Wenn er mit seinen weißen Söckchen vor meiner Tür wau sagte, ich würde ihn nicht davonjagen. Jauchzend würde ich den alten Futternapf vom Speicher holen, die kobaltblaue Decke mit Sonne, Mond und Sternen ausbreiten und mich neben ihn hocken, Kopf an Kopf. All das würde ich ihm erzählen, was ich sonst keinem Menschen anvertraue. Die Rede ist vom Portugiesischen Wasserhund.

Vor sechs Monaten kannten ihn noch nicht einmal Kreuzworträtsel-Löser. Jetzt tollt die Familie Obama, Papa Präsident, Gattin M. und beide Töchter, fröhlich und fotogen mit einem Portugiesischen Wasserhund über den Rasen des Weißen Hauses. Hundefreunde in aller Welt sind quittegelb vor Neid. Bei den Züchtern hagelt es Bestellungen. Hund Obama heißt Bo. Er hat eine Homepage, ist bereits Titelheld eines Kinderbuchs und wird öfter abgelichtet als je ein Hund vor ihm.

Leute von Bedeutung teilten seit jeher ihr Leben mit Hunden. Beller haben ja den Vorzug der Verschwiegenheit und der bedingungslosen Liebe. Odysseus hatte seinen Argus, Bismarck die Doggen Tyras und Sultan. Schopenhauer ließ seinen Pudel Butz von Wilhelm Busch zeichnen, und Thomas Mann notierte in seinen Tagebüchern, wann er seinem Hund Bauschan ein neues Halsband kaufte. Die Queen in England lässt eine ganze Schar von bellenden Stolpersteinen, die als Corgies geführt werden, aus silbernen Näpfen schlecken.

Bis jetzt war es aber Brauch, dass Menschen wie du und ich es der Prominenz nicht nachmachten. Zur Bismarckzeit schaffte sich niemand nur deshalb eine Dogge an, weil es der Eiserne Kanzler tat. Und das gemeine Volk führte, anders als der Alte Fritz, keine Windhunde aus. Seitdem es aber Bo Obama gibt, sind die Tierfreunde und solche, die sich dafür halten, total aus dem Häuschen.

Jahrzehntelang schworen die Deutschen auf Dackel. Dem Schäferhund vertrauten sie Haus und Hof an. Foxterrier waren unser ganzes Glück. Nun will man mit einem Kumpel wie Bo auf den Hund kommen. Auch Hundeliebe ist eine Sache des Zeitgeschmacks wie tätowierte Arme, gepiercte Lippen, T-Shirts mit Totenkopf und Knopf im Ohr. Wer geht schon gern mit einem besten Freund Gassi, der nicht mehr in Mode ist? Am besten den Arzt oder den Apotheker befragen, ob es Nebenwirkungen hat, wenn man sein Leben weiter mit einem Golden Retriever teilt. Der war ja gestern noch das Maß aller Dinge, ist aber doch ein arger Kontrast zu einem Portugiesischen Wasserhund. Bo aus Washington und seinen Nachkommen wird eines traurigen Tages bestimmt die Wahrheit dämmern. Auf die Treue von Menschen ist ebenso wenig Verlass wie auf Aktienkurse und Brötchenpreise.

Missverständnisse zwischen Mann und Frau

Wer hat die Mär aufgebracht, dass der Turm zu Babel samt babylonischer Sprachverwirrung unvorstellbare Ewigkeiten her ist? Ich finde, wir Heutigen schneiden auch nicht schlecht ab. Keine Ahnung von dem zu haben, was der andere redet, ist allerorten an der Tagesordnung. Das ging mir mal wieder auf, als mein Lebenspartner morgens um sieben mit einer solchen Selbstverständlichkeit über kollidierende Wasserstoffkerne und einen neuen Beschleuniger referierte wie ich über meinen Gurkenhobel. Andererseits verwechselt dieser kluge Mann, der Sachbücher liest und mit der Zahl Pi auf bestem Fuß steht, Dornröschen mit Aschenputtel, und er hat von mir erst lernen müssen, dass Matthias Claudius das Gedicht »Der Mond ist aufgegangen« schrieb. Seitdem wissenschaftlich belegt ist, dass Männer Schuhe für Fußbekleidung halten und Frauen für Seelentröster, darf es uns nicht verwundern, wenn Frau und Mann keinen gemeinsamen Nenner finden. Missverständnisse gab es bereits im Paradies. Leider machten sie Menschheitsgeschichte. »Glück«, jubelte Eva und zeigte auf einen Apfel. »Pflück!«, verstand Adam und tat es. Man sieht: Auch die simpelste Belanglosigkeit hat Tücken und Nachwirkungen. Mehr als nur tückisch ist es, dass Alt und

Jung so schwer zueinanderfinden. Beispielsweise hält die Jugend Lady Gaga für eine Künstlerin, Menschen in meinem Alter finden sie total bekloppt. Pardon, das Wort ist sicher aus der Mode – wie Strickliesel, Chaiselounge, Anstand und Rücksicht. Die babylonische Sprachverwirrung gibt es aber immer noch. Jede Katze kann sich mit »Miau« besser ausdrücken als ein Mensch, gleichgültig ob er Latein, Deutsch oder Suaheli spricht.

Wie verschieden Menschen sind, habe ich zum Glück schon früh begriffen. Owuor, unser Koch auf einer Farm in Kenia, konnte noch nicht einmal in meiner Kinderfibel lesen. Dafür war er der Einzige, der dem Löwenhund Simba für alle Zeiten klarmachte, dass der Vollmond kein Einbrecher war und also nicht vom Himmel gebellt werden musste. Wie gut wäre es für uns alle, wenn es wenigstens zu Hause nicht permanent zu Verwechslungen kommen würde. Zum Thema Hase fielen dem oben erwähnten Lebenspartner nur Rotweinsauce, Spätzle und die Vermehrungsfreudigkeit der Rammler ein. Ich hingegen denke bei Hasen ausschließlich an die Hoppelfreunde, die heute Abend bis spät in die Nacht Eier färben und Bonbonnieren legen.

Bismarckhering
und Schnitzel Holstein

Einen Bismarckhering verlangte ich, die Fischfachverkäuferin schaute mich waidwund an. Heringe haben heute weder Namen noch Titel. Der Bismarckhering wurde in Stralsund geboren. Im Jahr der Reichsgründung (1871) schickte der dortige Braumeister und Kaufmann Johann Wiechmann Reichskanzler Otto von Bismarck ein Holzfässchen und bat darum, die süßsaure Delikatesse Bismarckhering nennen zu dürfen. Er durfte. Heute wissen längst nicht alle Deutschen, wer Bismarck war, und Fast-Food-Vertilger reden das Essen auf ihrem Teller selten persönlich an.

Früher war das anders. Selbst das gute alte Schnitzel Holstein mit dem Spiegelei obendrauf verdankt seinen Namen nicht der Landschaft, sondern dem Regierungsbeamten Friedrich von Holstein, der sich in Restaurants gern mehrere Gänge zuführte und eines Tages aus Zeitmangel Hauptgang und Vorspeise gleichzeitig zu sich nahm. Die Bratkartoffeln wollte er unter dem Schnitzel versteckt haben. Ich entnehme daraus, dass Bratkartoffeln nicht standesgemäß waren. Die Liste von Berühmtheiten, denen Küchenkreationen von Format ihren Namen verdanken, ist lang. Sogar das Kasseler hat seine Geschichte. Das beliebte Schweinerückensteak stammt nicht aus der gleichnamigen hes-

27

sischen Stadt, sondern verdankt seinen Namen dem Berliner Metzger Cassel, der auf die Idee kam, das Fleisch vor dem Räuchern einzupökeln. Cäsar, seit dem Jahr 44 v. Chr. nicht mehr unter uns weilend, wird bis heute durch den Cäsarsalat geehrt, mit dem sich viel auffälliger kleckern lässt als mit dem bissfesten Casanovasalat aus Sellerie, harten Eiern und Äpfeln. Vergessen wollen wir auch nicht Mozartkugeln und Schillerlocken.

Seitdem aber Graf Zeppelin dem Frankfurter Metzger Weiss gestattete, seine Leberwurst Zeppelinwurst zu nennen (die es heute noch gibt), ist eher Anonymität angesagt. Vielleicht haben die Promis nicht mehr genug Ausstrahlung, um Speisekarten zu entern. Würde uns ein Würstchen Westerwelle, die Putenbrust Angela oder die Leber Jauch überhaupt munden? Nach Obama ist noch nicht einmal der kleinste Hamburger benannt, die Würstchen in seiner Heimat nennt man schlicht heiße Hunde. Auch Hollywoodstars machen sich nicht auf Speisekarten unsterblich. Es gibt keine Lammkeule Paris Hilton, kein Omelette George Clooney. Mich wundert das nicht in einer Zeit, in der Gäste ihren Hunger per Nummer stillen oder mit dem Finger auf Bildchen zeigen.

Der fünfte Monat

Kaum ist die Walpurgisnacht vorbei und die Hexen haben ihre Besen zurück in den Stall gestellt, kommt der Lieblingsmonat aller Dichter, Romantiker und Durchschnittsmenschen. Das Hätschelkind der Jahreszeiten duftet nach Flieder und erzählt mehr Märchen, als die Brüder Grimm je in deutschen Landen sammeln konnten. Goethe und Heinrich Heine haben den Mai so wunderbar besungen, dass es uns heute noch das Herz zerreißt. Erich Kästner sprach vom Mozart des Kalenders.

Wenn Deutschlands Schulkinder einst sangen Komm lieber Mai und mache die Bäume wieder grün, glänzten ihre Augen. Ein ewig junges Volkslied lässt uns wissen, dass im Mai die Bäume ausschlagen. Jetzt rütteln die Feen an Maiglöckchen und berichten den Maikäfern von Liebe und Glück. Die Elfen (vorwiegend männlichen Geschlechts) besaufen sich an der Maibowle, die Herr Müller in seinem Kleingarten angerichtet hat. Jungmänner steigen im Mai aus ihren Lumpenjeans aus. Sie ziehen einen dunklen Anzug an und schwören einer Herzdame mit Blumenkranz im Haar ewige Treue. Herren mit Bauch und Midlife-Krise werden der Ehefrau untreu und herzen junge Luder mit Wackelhintern. Im Mai ist eben alles möglich.

Der fünfte Monat wird selbst von Realisten und Miesepetern als Wonnemonat bezeichnet. In Europa ist er seit jeher ein Höhepunkt im Leben von Mensch und Tier und Vogel. Da kann es schon mal vorkommen, dass Philosophen, statt zu philosophieren, Erdbeereis schlecken und Frauen mit einem neuen Bikini statt mit einer Bratpfanne nach Hause kommen. Eine Nummer zu klein und nicht sehr geeignet für die Zubereitung von Spiegeleiern. Auch wer nur Liebe auf Triebe reimen kann und Herz auf Schmerz, jubelt im Mai, als wäre das Leben ein Kinderspiel. Jedenfalls war es bisher immer so.

Seit Menschengedenken haben wir in diesem Monat aller Monate nur in Ausnahmefällen an Bazillen und Viren gedacht, von Krankheiten und Seuchen sprach keiner. Jetzt redet auch Hänschen klein von der Schweinegrippe, und die kleine Erna ebenso. Wenn einer niest, zucken wir zusammen; wird in Kiel ein Patient gemeldet, kaufen die Leute in Konstanz Fieberthermometer. Und was sagt der Mai dazu? Nichts. Er macht die Bäume grün und die Veilchen blau. Wonnemonat, das traditionelle Programm wird dieses Jahr nicht reichen! Lass es bloß nicht so weit kommen, dass wir nicht mehr merken, wie das Maikraut duftet. Lass in den Maiennächten weiter das Wunder der Liebe geschehen. Gib uns unseren guten alten Schnupfen wieder und ängstige uns nicht mit Krankheiten, die wir gestern noch nicht kannten. Komm, lieber Mai, und mache die Menschen wieder froh. Und zuversichtlich!

Früh übt sich das Leben auf Rädern

Sie tragen Sicherheitshelm und haben den trutzigen Blick eines Autofahrers, der auf eine Parklücke zusteuert, die ein anderer vor ihm gesehen hat. Das Durchsetzungsvermögen vom Mann am Steuer ist eine Sache allerfrühester Übung. Da sind heute schon die Zweijährigen Meister ihres Fachs. Schnullerkids sagen nicht, wie ihre Altvorderen, zu einer Lokomotive Tööf-tööf oder Puff-Puff. Auf dem Kinderkarussell steuert ein Minimann weder das Feuerwehrauto von anno Tobak noch die fröhlichen weißen Pferdchen an, sondern das Motorrad, das so aussieht, als könnte man damit drei Omis und fünf Gänse auf einen Schlag erschrecken. Immerzu sagt so ein Knabe mit Kulleraugen »Hoppla, jetzt komm ich« – selbst dann, wenn er gar nichts sagt. Die Autofahrergeneration von morgen lernt eben beizeiten, was eine Harke ist. Wohlgemerkt die sprichwörtliche. Die echte kennen nur noch Bauernkinder und die Enkel von Schrebergärtnern. Stiegen die Kinder früher vom Kinderwagen direkt auf die eigenen Füße um, so rollen sie heute schon im Krabbelalter durchs Leben. Noch sitzen sie ein wenig schreckensstarr im knallbunten Plastikauto und werden von Papis geschoben, die ihrerseits schreckensstarr glotzen werden, wenn Junior erst den Führerschein hat und Vaters Hätschelauto zum Unfallwagen macht.

Dem Plastikauto folgt das Laufrad (per Bein zu bewegen). Kluge Eltern sparen da schon auf das Dreirad mit Pedale. Das stärkt die Beinmuskulatur und sorgt dafür, dass Bubi keine Minderwertigkeitskomplexe kriegt, weil andere Kinder ihn nicht für voll nehmen. Es folgen Roller, Zweirad mit Stützrädern, Räder ohne, Mountainbike, Skateboard, Mofa und die Erkenntnis, dass der Mensch, der auf eigenen Füßen durch den Lebensdschungel stapft, ein bedauernswertes Kriechtier ist. Das Kind auf Rädern benutzt mindestens bis zum zehnten Lebensjahr den Bürgersteig. Die Verkehrsregeln schauen sich die Kleinen von Radfahrern ab, die das Gleiche tun. Von denen lernen sie, dass Mütter mit Kinderwagen, Hochschwangere, Kleinkinder und alte Menschen atmende Verkehrshindernisse sind, die die Risiken und Nebenwirkungen des Lebens selbst zu tragen haben. Wenn ich vor einem behelmten Kleinrowdy auf dem Rad verschreckt zur Seite springe, male ich mir aus, dieses Kind drängt es eines Tages in die Luft. Da wird es in null Komma nichts lernen, dass die Freiheit in den Wolken nicht grenzenlos ist. Fliegende Menschen dürften noch nicht einmal einen Baum streifen.

Kult ist ein ganz wichtiges Wort

Kulturfilme wurden früher vor dem Hauptfilm gezeigt. Sie beschäftigten sich intensiv mit allem, was einschläfert, beispielsweise mit dem Liebesleben der Wespen oder mit der Verwendung von Küchenkräutern im Mittelalter. Schlauköpfe gingen erst ins Kino, wenn der Kulturfilm vorbei war. Dann gab es Eis und Reklame und Vergnügliches. Zum Glück sind Kulturfilme nicht mehr in Mode. Kultfilme dagegen sehr. Sie werden hauptsächlich von Menschen geschätzt, die Wiederholungen für Qualität halten. Casablanca gilt als der Kultfilm schlechthin, die Sissi-Filme halten mit. Es gibt einige Leute, die glauben, Karlheinz Böhm wäre früher Kaiser von Österreich gewesen, und Liz Taylor hätte Julius Cäsar geheiratet.

Nicht nur beim Film hat das Wort Kult einen Stammplatz. Wir begegnen ihm auf Schritt und Tritt. Wer wie Goethe ein Stehpult hat, geblümte Porzellanschüsseln, wie sie früher in Dienstmädchenkammern standen, in sein Wohnzimmer stellt oder gar noch einen Brief mit Tinte, Verstand und Leidenschaft schreibt, ist durchaus ein kultiger Mensch. Als Mann trägt er Großvaters Perle in der Krawatte, als Frau rezitiert er beim Erbsenpulen aus dem eigenen Garten für das Enkelkind alle Strophen von Schillers Glocke.

An dem, was wir für Kult halten, lassen sich die Strömungen der Zeit optimal ablesen. Genies, die die Summe von 31 und 14 im Kopf ausrechnen können, sind Kult, zwei Menschen auf einem Tandem auch und erst recht ein Bühnenschauspieler, der so deutlich spricht, dass man ihn noch in der letzten Reihe versteht. Über den Status von Aktentaschen, ohne die früher kein Mann mit Bedeutung aus dem Haus ging, soll demnächst entschieden werden.

Seltsamerweise hat noch kein Kinderspielzeug Kultstatus erreicht. Vorzuschlagen wären die Laterna magica, die Vorläuferin des Fernsehgeräts, der Holländer, ein Fahrzeug aus Holz mit Lenker und vier Rädern, der Holzreif, der mit einem Stöckchen geschlagen wurde, und die Schaukelpferde, die eine echte Mähne aus Rosshaar hatten.

Auch die Gastronomie hat Nachholbedarf. Arme Ritter, gebratene Weißbrotscheiben, mit allem zu belegen, was preiswert ist, würden in Krisenzeiten noch mal so gut schmecken, wären sie als Kultspeise auf der Karte aufgeführt. Kann es etwa sein, dass wir noch mehr Kult brauchen, als wir haben, um das Durchschnittliche im Leben gut zu würzen?

Machen wir es wie die Schildkröten …

Was muss nicht alles getan werden, ehe eine Schüssel Kartoffelsalat einem Würstchen ihr Jawort gibt! Kartoffeln pflanzen, um Regen und Sonne beten, die Knollen ernten, in die Geschäfte schaffen und verkaufen, nach Hause tragen, schälen und klein schneiden. Gleiches mit den Zwiebeln tun. Dann Mayonnaise anrühren, würzen, den Salat mischen, von der Küchenschüssel in die feine Servierschale umfüllen und appetitanregend dekorieren. Mich wundert, dass es irgendwo auf der Welt noch Menschen gibt, die sich mit Kartoffelsalat einlassen.

Der Frühstückskaffee hat auch seine Geschichte. Ein Kaffeebaum muss Blüten tragen, aus Blüten sollen Bohnen werden, die werden getrocknet, geröstet und oft auch gemahlen, ehe der Kaffee im Supermarkt auftaucht und Frau Meyer den Preis eine Zumutung findet. Als Kind habe ich im Hochland von Kenia erlebt, wie launisch und wetterempfindlich Kaffee ist. Er kriegt Migräne bei Hitze, und sind die Nächte zu kalt, leidet er an Depressionen. Und wir Hiesigen bestellen einen Cappuccino oder nippen am Espresso, und keiner von uns redet vom Kaffeebauern in Brasilien oder denkt an die Pflückerin in Äthiopien.

Wer macht sich noch klar, dass das Wahre, Schöne

und Gute grundsätzlich nur mit dem Prädikat langsam angeliefert wird! Siehe die Raupe, aus der ein Schmetterling wird, das Schneeglöckchen, das ursprünglich ein Samenkorn war, und das Elefantenbaby, das 22 Monate braucht, ehe es sich entschließt, Mamas Kuschelbauch für das Licht der Welt aufzugeben. Vergessen wollen wir auch nicht die Ewigkeiten, die es dauert, ehe eine gute Absicht zu einer guten Tat wird. Und für manche Menschen ist das Leben nicht lang genug, ehe ihnen aufgeht, dass sie den Kopf in erster Linie zum Denken und nicht als Abstellplatz für die Sonnenbrille bekommen haben.

Seit Anbeginn der Welt tut sich der Mensch schwer mit der Empfehlung, dass sich Hetzen nicht lohnt. Schnecken und Schildkröten sind da klüger; sie bestehen in jeder Lebenslage darauf, dass gut Ding Weile haben will. Kommt aber doch einmal die Rede darauf, dass Gott nur sechs Tage brauchte, um die Welt zu erschaffen, so sind die Apostel der Langsamkeit allerdings bemerkenswert zungenflink. Die Schnecke, mit der ich jüngst über dieses Thema plauderte, schaute angewidert aus dem Fenster ihrer mobilen Villa. Sechs Tage für die ganze Welt, sagte sie patzig, also wenn du mich fragst, ist die Welt auch danach.

Leben zum Sonderpreis

Ausverkauf, Räumungsverkauf, Sonderverkauf, Schlager für gute Kunden, Treuerabatt für die armen Tröpfe, die nicht begriffen haben, dass schlaue Sparer bis zum Umfallen Preise zu vergleichen haben. Ich melde Dauerbeschuss auf meinen Hausbriefkasten und versuchten Mord an meinen Nerven. Noch ist der Sommer ein Kücken, das unverschämt lange gebraucht hat, um aus dem Ei zu schlüpfen, und schon wird die schönste Zeit des Jahres zum Ausverkauf angemeldet. Vom Bikini bis zum Behälter für Eiswürfel, von Sonnencreme bis zum Rucksack mit eingebauter Kühltasche, Sommerliches gibt es zum Sondersonderpreis; Postwurfsendungen, pseudopersönliche Briefe und Riesenbuchstaben an den Fensterscheiben lassen wissen, dass jetzt die einzige Zeit ist, das kleine Schwarze für das große Gartenfest ins Haus zu holen, den chicen Grillkoffer und den zusammenklappbaren Swimmingpool, in den selbst Mieze gerne ihre Pfoten steckt. Bestimmt ist es auch klug, jetzt einen Mantel für das nächste Frühjahr zu kaufen. Vielleicht sind dann Gänseblümchen auf höllenschwarzem Grund in Mode, und ich stehe morgen dumm da, weil ich nicht gestern zugegriffen habe. Rechtzeitig zuzugreifen lernt man ja schon als Kind, sonst futtert der große Bruder die Sahne von der Torte weg, und die beste Freundin angelt sich den Prachtburschen, für den man seit der dritten Klasse schwärmt. Heute werden der kluge Mann, die beherzte Frau und auch schon die unschuldigen Krabbelkinder angehalten, noch rechtzeitiger zuzugreifen als in den Zeiten, da in den Poesiealben der hübsche Satz Bescheidenheit ist eine Zier zu lesen war. (Böse Buben wussten allerdings damals schon: Doch weiter kommt man ohne ihr.)

Wo wir alle landen würden, wenn wir uns jedem Sonderangebot kampflos an den Hals werfen, das wissen noch nicht einmal die Schlauberger, die unsere Wirtschaft vom Krankenbett holen wollen, indem sie arme Leute noch ärmer machen, als sie sind. Hätte ich das Geld, das die Geschäftsleute, die mich anschreiben, bei mir vermuten, würde ich in jeder Zeitung und auf jeder Mauer Anzeigen schalten und so in die Welt posaunen, dass mein Bedarf an allem gedeckt ist, was der Mensch im Sommer braucht. Na, sagen wir, fast gedeckt, denn ich halte seit Jahren Ausschau nach einer hübschen Sternschnuppe an einem nachtblauen Band. Den Himmelsgruß bietet mir natürlich niemand an. Mit Träumern, die Wünsche haben, die nichts kosten, isst die Geschäftswelt nicht gern Kirschen.

Wer quakt noch mit den Fröschen?

Natürlich muss sich die Welt immerzu ändern. Sonst würden wir ja alle noch auf Bäumen hocken und darauf warten, dass einer das Rad erfindet und vielleicht auch das Feuer samt Grillwürstchen. Manchmal kommt mir allerdings der Gedanke, dass unser Leben sich im Düsentempo Neues einfallen lässt und wir gar nicht mehr merken, wie rapide unsere Ansprüche steigen. Als ich einen Bericht von der Mailänder Möbelmesse las, ging mir auf, dass Kinder zur Einschulung heute mehr als nur Ranzen, Heft, Schreibwerkzeug und Pult brauchen. Zum Start in den Ernst des Lebens sollten Sven, Nadja und Co. ein Kinderbüro bekommen, ausgestattet mit stufenlos verstellbarem Arbeitstisch, Mulden für die Schreibutensilien und einer Schubladeneinheit auf Rollen. Das Kissen obendrauf ist für Besserwissis gedacht, die behaupten, dass drei im Quadrat nicht sechs, sondern neun ist und dass Goethe im Gegensatz zu Pippi Langstrumpf tatsächlich gelebt hat.

Auch auf Spielplätzen geht es nicht gestrig zu. Mit Schaukel, Wippe und Sandkasten gewinnt kein Freizeitplaner mehr einen Blumentopf. Ausgetüftelte Klettergeräte, die sowohl Muskeln als auch Phantasie stählen, müssen es sein. Dazu Hüpfburgen, Wasserrutschen, Stiere zum Reiten und einen Irrgarten, in dem die Kleinen beizeiten lernen, dass das Leben kein Kinderspiel ist. Zweijährige finden es heute fad, im Sand nur mit Eimerchen und Schaufel zu werkeln. Traktor, Kran und Lastwagen sollten es sein. Auch Zwerge müssen begreifen, dass es Prestige und Wohlhabenheit sind, die die Weichen zum Glück stellen.

Eltern gehen ja auch nicht mehr ins Schwimmbad und planschen vor sich hin. Schwimmbäder sind heute Wellnessoasen mit Musik und Wasserspielen, Saunen, Whirlpools, Kuppeldecken, wie sie Roms Kaiser liebten, und Badegästen, die von Becken zu Becken gleiten und sich bei dem Gedanken schimmelig lachen, dass Großvater sich am Rande des Dorfteichs sonnte und mit den Fröschen quakte.

Wenn Jugendliche sich ins Koma saufen, wenn Kinder aus purer Lebensfreude aufeinander eindreschen, ohne dass sogenannte Erwachsene protestieren, und wenn Denken immer mehr aus der Mode kommt, worauf haben wir uns noch einzustellen? In Mußestunden zimmere ich an einer neuen Welt. In der räumt jeder freiwillig seinen Dreck weg. Dummköpfe und Phrasendrescher haben Redeverbot, und Verstand, Rücksicht, Humor und Bescheidenheit gibt's auf Krankenschein.

Mindestens zwei Liter pro Tag

Obama kam ohne Wasserflasche nach Dresden. Auch Angela Merkel lässt sich nie mit einer solchen blicken. Guido Westerwelle, immer piekfein und beeindruckend, schon gar nicht. Ich vermute, ab einem gewissen gesellschaftlichen Status können Menschen damit rechnen, dass sie in keiner Situation Hunger und Durst leiden werden. Uns Übrigen wird volle Pulle geraten. Ärzte, Gesundbeter, besorgte Mütter, Sportlehrer und Fußballtrainer sind sich einig, dass der Mensch permanent trinken muss, um bei Laune und Leistung zu bleiben. Die Flasche im Rucksack und erst recht die am Mund ist heute so wichtig wie früher das Taschentuch und die drei Groschen, die nötig waren, um mit seinen Lieben aus einer öffentlichen Telefonzelle zu kommunizieren.

Mindestens zwei Liter Wasser pro Tag sollen es sein, damit wir so munter sind wie ein Hecht im Karpfenteich. Ehe die Gesundheitswelle zu uns herüberschwappte und uns empfohlen wurde, rohes Wurzelwerk zu mümmeln und uns auf Wellnessoasen zu suhlen, galt Wasser als Armeleutegetränk, die darob zu bedauern waren. Milch wurde als Gesundmacher für das Kind in hohen Ehren gehalten, besonders in jenen hungrigen Zeiten, als es nur für Bauernkinder genug

Milch gab. Für die bleichen Kleinen in der Stadt wurde sie am Rande der Hungergrenze rationiert. Nachdem die Dinge wieder im Lot waren und kein Großstädter mehr einen guten Perserteppich für zwei Pfund Butter und eine Kanne Vollmilch hergeben mochte, verehrten wir das Glas frisch gepressten Orangensaft als besonderes Frühstückserlebnis. Die Idee kam aus Amerika, damals noch das Land der unbegrenzten Möglichkeiten.

Die Sehnsucht deutscher Kinder galt in dieser Zeit Chewinggum und Coca-Cola. Derweil sangen sie Wasser ist zum Waschen da und Wasser trinkt das liebe Vieh. Ihre Väter ließen wissen Wer niemals einen Rausch gehabt, der ist kein echter Mann. Selbst Mami, die Hüterin der Volksgesundheit, trank lieber Kaffee als Wasser. Nach den wissenschaftlichen Erkenntnissen von heute hätte die Generation von vorgestern schon in der Kindheit austrocknen müssen wie eine grob misshandelte Primel. Dehydrieren nennt man das heute und runzelt die Stirn.

Menschen, die in Notzeiten aufgewachsen sind, neigen immer noch dazu, nur dann zu trinken, wenn sie Durst haben, in diesem Fall trinken sie selbstredend auch Wasser. Mit gefüllten Dreiviertelliterflaschen einkaufen oder ins Café geht die ältere Generation selten und ungern. Sie scheut den zusätzlichen Ballast. Und weshalb sind die Alten so schwächlich? Bestimmt haben sie in ihrer Jugend nicht genug Wasser getrunken.

Gespräch mit einer Rose aus Afrika

Die Rosen lagen auf dem Küchentisch, in der Vase perlte das Wasser, da flüsterte die rosa Dornenschönheit zart Jambo, und ihre wolkenweiße Schwester murmelte mit allerliebster Stimme Safari. Erst da fiel mir auf, dass die Blumen nicht aus Steinfurth stammten, wo seit jeher wunderbare Rosen wachsen. Sie hatten in Kenia erlebt, wie es ist, wenn in Afrika die Sonne feuerrot aufgeht und der Morgentau Geschichten von Gazellen und Giraffen erzählt. Weil aber die Menschen heute nichts mehr lassen mögen, wie es ursprünglich war, wurden Kenias Rosen gepflückt, auf Blatt und Knospe geprüft, verpackt und in eine fliegende Kiste gesteckt. Ciao, Heimat, Deutschland ruft!

Blumen, die einst in Bauerngärten wuchsen, kommen heute mit der gleichen Selbstverständlichkeit aus fernen Ländern wie Kaffee, Kakao oder Smaragde. Wer als Rose oder Nelke empfindliche Europäer bei Laune halten will, lässt allerdings wissen, dass der betreffende Blumenimport dem internationalen Standard für fairen Handel entspricht. Der Kunde, so las ich auf dem Verpackungspapier, würde durch seinen Kauf für verbesserte Lebens- und Arbeitsbedingungen der Plantagenarbeiter auf den Blumenfeldern sorgen. All dies machte ich den Reisenden aus Afrika klar.

Weil aber Rosen bekanntlich äußerst eigen sind und zu einer eigenen Meinung neigen, befahl mir eine rote Rosenkönigin mit eindeutiger Bewegung ihrer Dornenhand, auf der Stelle den Mund zu halten. Ihr wären ein Schmetterling in Afrika und sogar ein rotzfrecher Pavian tausendmal lieber als jede zeittypische Bekundung, dass die Menschen in Europa so sympathisch und menschenfreundlich wären. Weshalb, wurmte es die afrikanische Rose, holen sich die Leute denn immerzu Dinge ins Haus, die weite Wege zurücklegen müssen?

Wozu wirklich? Es gibt Spargel aus Peru, Erdbeeren aus Malawi und Kartoffeln aus Marokko. Für Deutschlands feine Herren werden die Hemden aus ägyptischer Baumwolle in Thailand genäht. Plastikpüppchen, indische Seidenkissen und Uhren, die so aussehen, als wären sie nie über den Schwarzwald hinausgekommen, reisen um die halbe Welt. So mancher Becher Joghurt legt mehr Kilometer zurück als ich in drei Jahren. Kommt eines gar nicht so fernen Tages die Frankfurter Grüne Soße aus Ghana und die bayerische Lederhose aus Bali? Und wer weiß, wie lange noch der deutsche Sommer der deutschen Petersilie die Laune verhageln darf, ehe sie für ein Beet in Bolivien optiert.

Im Juli liegt das Paradies zum Greifen nahe

Jetzt fragt niemand mehr, wann es endlich wieder richtig Sommer wird. Verdrängt haben wir, dass es so hässliche Worte wie Winter, Glatteis und Dauerhusten gibt. Der Juli ist aus ganz anderem Stoff, er ist ein Synonym für Sommer und Lebensfreude. Vom Sommermenschen wird deshalb erwartet, dass er mopsfidel und eine rundum sympathische Erscheinung ist.

Das ist viel verlangt. Gerade Sommermenschen haben einen eigenwilligen Geschmack. Grauköpfe tragen kurze Hosen, weiße Kindersocken und Sandalen, und manche Frau, die altersmäßig zu ihnen passt, zwängt sich in Jeans, mit denen ihre Enkelinnen sich wahrscheinlich nicht auf die Straße trauen. Die Jugend selbst liebt es tätowiert. Das hat den Charme von Litfaßsäulen.

Zu einem deutschen Sommer gehört auch, dass wir die ewig gleichen Mahnungen zu hören bekommen. Ärzte und sogar Minister sorgen sich alljährlich, dass alte Menschen zu wenig trinken und zu lange in der Sonne sitzen könnten. Der Sprung ins kalte Wasser wird allenfalls mit leerem Bauch empfohlen. Außer Mode gekommen ist das kühlende Wort Sommerfrische, das im 19. Jahrhundert die Mittelschicht aufs Land und reiche Leute in die Kurbäder trieb. Wer aber hat noch einen Onkel mit Bauernhof? Wer kennt noch Kühe, die glücklich auf satten Wiesen muhen, oder Hühner, die lebensfroh im Sande scharren?

Und doch leidet der Mensch des 21. Jahrhunderts im Sommer nicht wirklich Not. Fürs Strandvergnügen braucht er weder nach Rimini noch nach Rügen zu reisen. Auch die Côte d'Azur ist überall, seitdem es vor allem in deutschen Großstädten Beachclubs auf Flachdächern gibt. Sie bieten Palmen im Wind, Sand im Bikini, Sonnenschirme und Sonnenbrand jeder Hautgefährdung. Das Paradies liegt eben um die Ecke ohne die üblichen Strapazen der Anreise. Selbst das Handtuch, um den Liegestuhl zu reservieren, auf dem man in Ruhe rösten möchte, wird gestellt. Am Abend verkohlen wir Würstchen auf dem Grill und halten Tomatenketchup für eine Kulturleistung. Herrchen erzählt seinem Hund, dass er Superman ist, und Romeo macht Julia weis, dass die Liebe ewig währt. Im Juli sind selbst Skeptiker zu überzeugen, dass das Paradies existiert. Doch Vorsicht: Der siebte Monat von den zwölfen spielt mit gezinkten Karten. Das halbe Jahr ist rum, die Tage werden wieder kürzer, und was eben noch Zukunft war, ist schon Vergangenheit. Glauben mag das keiner, doch es ist trotzdem wahr.

Auch Supermann legt sich auf die Couch

Seit vier Tagen steht der Juli auf dem Kalender. Gekommen ist er mit Schmelzofenhitze und genug Sturm und Regen im Gepäck, um die breitesten Flüsse zu derangieren, Straßen und Marktplätze zu überfluten und aus den Kellern braver Bürger ein Meer von Verzweiflung zu machen. So war er immer, dieser Supermann, der siebte Monat von den zwölfen. Bei ihm ist Muskelkraft besser entwickelt als Hirn.

Er lässt sich als Sonnengott und Sommerkönig feiern und pfeift auf leise Töne. Ihm reicht es, eine Krone aus Kornblumen auf dem Kopf und ein Bouquet von Mohn in der Hand zu tragen, die Kinder ins Schwimmbad zu locken und ihre Großmütter zum Becher mit Vanilleeis, doch trauen konnte man dem Burschen nie. Wird einer nach Julius Cäsar benannt, fühlt er sich auch verpflichtet, das große Donnerwort zu führen und nach Belieben Blitze zu schleudern.

Spielverderber ist der launische Kerl aus Passion. Er hat es auf fröhliche Kinderfeste in Sommergärten abgesehen. Beim Grillabend ertränkt er unschuldige Bratwürstchen und den Senf gleich dazu, und in mondhellen Nächten grübelt er, wie die Träume von jungen Liebespaaren am schnellsten in Darlehensgesuche und Ehezwist umzuwandeln sind.

Dennoch gebührt dem bösen Buben unsere Hochachtung. Keiner kennt bessere Tricks als er, um zu beweisen, dass das Leben eine Kette von Überraschungen bleibt. Der Juli macht aus Korn Brötchen und aus essigsauren Stachelbeeren zuckersüße Torten. Er lässt Kräuter wachsen, die schöne Geschichten von schlauen Frauen, klugen Weiblein und Wunderheilungen am laufenden Band erzählen. Meisterhaft beherrscht der wetterwendische Kerl die Kunst, griesgrämige Großstadtbewohner in frohe Nomaden zu verwandeln. Die ziehen dann aus, um das große Glück zu suchen. Die Gesegneten finden es sogar. Dann reiten sie bei Tag auf dem Rücken von geschmückten Seepferdchen ins Paradies, nachts holen sie die Sterne vom Himmel, und im August kommen sie verdrossen nach Hause und beschließen, in die Südsee auszuwandern.

Spätestens dann legt sich auch der Juli auf die Couch. Er klagt, dass ihn Depressionen plagen, und behauptet, die Hälfte des Jahres wäre schon um. Wahrscheinlich verschreibt der Doktor seinem Patienten Malventee und Meditationsübungen im Morgentau. Ich würde zu einem Gedicht von Theodor Storm raten. »Ein Blatt aus sommerlichen Tagen«, schrieb der Meister, »ich nahm es so im Wandern mit. Auf dass es einst mir möge sagen, wie laut die Nachtigall geschlagen, wie grün der Wald, den ich durchschritt.«

Die Weltgeschichte hat mir die Mumps vermasselt

Wenn keine besonderen Vorkommnisse zu vermelden waren, galt in meiner Kindheit mein körperliches Befinden nicht als ein Thema von allgemeinem Interesse. Wer auf einer Farm in Afrika aufwächst, lernt beizeiten, dass eine kalbende Kuh und die bevorstehende Flachsernte mehr Aufmerksamkeit bekommen als eine Siebenjährige mit Schnupfen oder einem aufgeschlagenen Knie. Das schwerste Buschfeuer in einem Zeitraum von zehn Jahren hat mir die Röteln vermasselt, meine Mumps wurde komplett von der Weltgeschichte in den Schatten gestellt. Es war der 6. Juni 1944, und die Alliierten landeten in der Normandie.

Heute überlassen wir das Interesse an der eigenen Person ungern dem Zufall. Ganz im Gegenteil! Wir sind ständig auf uns selbst ausgerichtet. Fühlen wir uns nicht down, sind wir gut drauf und fähig, jedem, der es verdient, die Zähne zu zeigen? Wie steht es mit der Verdauung und wie mit der Konzentration im Straßenverkehr? Was ist von einem Husten zu halten, der die Hauskatze ängstigt, was von schlagartig auftretenden depressiven Stimmungen, wenn dem Sternekoch der Brokkoli missglückt und einem selbst der Käsekuchen? Wie schön, dass niemand mehr, so wie in der Vorzeit des Fortschritts, in Sachen Gesundheit auf

Erfahrungen und Mutmaßungen angewiesen ist. Wir wissen alle, wo es langgeht, seitdem jede Tageszeitung und das Fernsehen allemal das Biowetter des Tages liefern. Wem das zu wenig ist, der kann sich bei den zuständigen Meteorologen erkundigen, weshalb er Kopfschmerzen hat und warum der Magen wimmert. Selbstverständlich ist die Praxis von Dr. Google 24 Stunden am Tag geöffnet. Anmeldungen sind nicht nötig, Krankenscheine werden nicht verlangt.

Um zu wissen, wie wir uns beim Aufwachen, am Spätnachmittag oder morgen fühlen werden, ist keiner von uns auf das Knie der Großtante angewiesen, das durch Schmerzen Rheuma voraussagt, oder auf Gras fressende Hunde und tief fliegende Schwalben. Die Biowetterfrösche (zwei Beine und Vollstudium) kündigen rechtzeitig Migräne, Gelenkschmerzen und allgemeine Mattigkeit an, zum Glück auch erholsame Tiefschlafphasen, eventuell gesteigertes Leistungsvermögen und atypisch gute Laune in der Morgenstunde. Leider sind die Voraussagen nicht langfristig. Sonst könnte ich heute schon entscheiden, ob ich zu meinem Geburtstag im September Michelle Obama einladen soll. Oder doch besser Arzt und Apothekerin.

Ansichtskarten sind heute eine Sache von gestern

Wetter prima, Essen gut, schade, dass Ihr nicht hier seid. Dieser berückend verständliche Text hat einmal den ersten Preis gewonnen. Gesucht wurde der originellste Postkartengruß. Das war in den späten fünfziger Jahren des vorigen Jahrhunderts. Die Menschen rasten damals im Höllentempo auf die Zukunft zu. Sie aßen Hawaii-Toast, trugen Hawaii-Hemden und fuhren nicht mehr in die Sommerfrische zu Onkel Gustav und seinen zwei Kühen. Sie machten Urlaub, und das vorzugsweise im Süden. In der Fremde begab sich das deutsche Ferienvolk umgehend auf die Suche nach deutschem Kaffee und deutscher Bratwurst und sang abends Die Wacht am Rhein. Ein Urlauber hatte nur zwei Pflichten: so braun zu brennen, dass die Kollegen beim Wiedersehen quittegelb vor Neid wurden. Zum zweiten war in den Ferien das Schreiben von Ansichtspostkarten zwingendes Gebot.

Die Karten sahen sich alle zum Verwechseln ähnlich. Blauer Himmel, blaues Meer und dazwischen prächtige Strände, die nicht ahnen ließen, dass dort wahlweise Deutsche und Engländer gegrillt wurden und dass sich die einheimischen Hunde hinter vorgehaltener Pfote erzählten, die Ausländer wären alle plemplem. Die Empfänger der knallbunten Ansichtskarten konnten meistens erst durch den Poststempel ermitteln, ob die Absender in Rimini planschten oder am Wörther See.

Lang ist's her. Selbst wenn er lesen und schreiben kann, verschickt der Ferienmensch kaum noch Karten. Dem Nachbarn, der seit Jahren die Blumen ertränkt und den Kater so fett füttert, dass ihn alle Welt Garfield nennt, wird heute per Mail für seine Hilfsbereitschaft gedankt. Unter Palmen simst der Badehosenmensch nach Hause, dass er glücklicher nicht sein könnte. Und wenn Mami nicht hat verhindern können, dass Papi den Rotwein aus dem Eimer und mit dem Strohhalm soff, lässt der Unglücksrabe seinen Chef wissen, dass er ein Patentekel sei, den sein gehorsamer Diener zum Teufel wünscht.

Solche Art der Kontaktaufnahme geziemt Leuten, die sonntags durch virtuelle Welten wandern und ihren Laptop kosen. Mein Herz schlägt immer noch für die Ansichtskarten der herkömmlichen Art. Die wurden ans Schwarze Brett gesteckt oder auf der Anrichte aufgestellt, und am Ende der Saison konnte jeder sehen, wie viele weit gereiste Freunde man doch hatte. Ich besitze noch heute eine Karte, die Kolumbus auf dem Weg nach Indien in den Kasten steckte. Sie zeigt einen Elefanten mit Krone, hat keine Briefmarke und wurde von mir unter einem Baum in Afrika gemalt und geschrieben. Ich war damals neun Jahre alt und träumte von einem Mann mit eigenem Schiff.

35 Schlafzimmer und fünf Nannies

Neuerdings stelle ich mir öfters vor, ich würde in Nizza leben, wäre nicht ein Filmstar wie Angelina Jolie und hätte soeben ein Kind geboren. Vielleicht wäre ich eine Blumenfrau, oder ich würde auf dem Markt Kräuter der Provence verkaufen. Im Krankenhaus würden sich Ärzte und Schwestern nur insoweit für mich und mein Baby interessieren, wie es die Pflicht gebietet. Gleichgültig, ob das Schicksal dieses Kind dazu bestimmt hätte, die Welt aus den Angeln zu heben oder ein zweiter Mozart zu werden, mit den Zwillingen der schönen Angelina könnte es nicht konkurrieren. Wer außer der eigenen Familie findet schon Freude an einem alltäglichen blauäugigen Baby? Da sind Zwillinge, die schon im Mutterleib Karriere machten, eine ganz andere Sache. Kaum geboren, waren sie Ehrenbürger von Nizza – nur weil ihre Mama sich entschloss, an der Côte d'Azur zu entbinden statt wie beim letzten Mal in Namibia. So ist das mit der Chancengleichheit.

Die gibt es nicht, Freunde! Auch nicht für Babys. Nun beschäftigt mich, was aus Kindern wird, deren Leben so verläuft, als wäre es eine Mischung aus Märchenschaum und Hollywoodfilm. 35 Schlafzimmer, fünf Nannies und einen Hubschrauber, der jederzeit zur Verfügung steht, gibt es in dem französischen Schloss, das Brad Pitt und Gattin für ihre drei Adoptivkinder und die drei selbst produzierten zur Heimat erkoren.

Bekommen die Kids Goldbarren zur Belohnung, wenn sie brav ihren Brei essen? Macht ihnen einer weis, Sonne, Mond und Sterne gehörten ihnen? Ob sie es verkraften, wenn sie eines Tages merken, dass dies eine gemeine Lüge von Daddy war und dass er noch nicht einmal halb so gut wie Harry Potter zaubern oder eine sprechende Eule beschaffen kann? Ob Extremreichtum so gefährlich wie Extremsport ist? Ja! Dies zum Trost für alle Normalfrauen, die dabei sind, ein Kind zur Welt zu bringen. Es ist das schönste Baby auf der Welt und hat eine größere Chance auf den Haupttreffer in der Lebenslotterie als die armen, reichen Zwillinge von Nizza.

Designhotels und andere Ärgernisse

Wenn Besuch kommt, nehme ich meinen Teddybär, der sonst im Wohnzimmer sitzt und von der guten alten Zeit schwadroniert, und stopfe ihn unter das erstbeste Sofakissen. Der Bursche mit zwei ungleichen Glasaugen (eines groß und grün, das andere klein und braun) feiert noch in diesem Jahr seinen 96. Geburtstag und wirkt doch recht hausbacken. Er ist nur ein kuscheliger Freund und absolut kein Designerstück. Sollen aber die Leute nicht vermuten, man wäre ein Mensch von gestern und schwärme für Häkeldeckchen auf dem Vertiko und Frikadellen in der Pfanne, ist Design auch auf den Nebenstrecken des Lebens angesagt.

Ehe es in den Sprachbesitz fortschrittlicher deutscher Menschen geriet, war Design ein englisches Wort. Es stand für Skizze, Modell und Entwurf. Heute aber kann es uns passieren, dass eine Verkäuferin einen Kamm schwenkt, der auf den ersten Blick wie tausend andere aussieht, und dass sie schwärmt, das Design wäre außergewöhnlich. Und weil wir nicht als Banausen entlarvt werden möchten, kaufen wir den Kamm. Und begreifen spätestens auf dem Heimweg, dass wir in lausig hochstaplerischen Zeiten leben.

Das Wort Design ist bestes Beispiel für solche Erkenntnis. Spielen Sie etwa immer noch Mensch ärgere dich nicht mit den farbigen Holzsteinen herkömmlicher Provenienz? Heute verweisen Spielsteine aus Silber, die entweder antiken Skulpturen oder abstrakten Kunstwerken nachempfunden sind, auf den Ästheten, der sich ständig auf die Suche nach dem Zeitgeist begibt. Lesezeichen mit hübschen Bildchen sind nicht mehr in, heute wird mit Bookmarks gelesen, auf denen Katzen grinsen oder Totenköpfe das Ende des guten Geschmacks verkünden. Sind eigentlich Farbsteine auf dem Handy oder herabbaumelnde kleine Ferkel aus lila Wolle modernes Design oder nur altmodisch albern?

Das vermögen nur Kenner zu entscheiden. Vielleicht die Avantgarde, die in Designhotels wohnt, in denen bei Tag die Welt kalkweiß ist und abends der Mensch seine Seele in einer Oase von purpurnem Licht baumeln lässt. Das abgenutzte Wort von der baumelnden Seele wird von flügellosen Papageien auch in der neuen Designerwelt gebraucht. Zwei Dinge sind zu beachten: Mit einem Bügeleisen, das den Preis für Design gewonnen hat, lässt sich ebenso gut ein teures Hemd versengen wie mit den Holzkohleneisen der Urgroßmutterzeit. Noch wichtiger: Bisher hat keiner es geschafft, einen befriedigenden Designermenschen zu konsultieren. Männer und Frauen sehen immer noch aus wie Adam und Eva. Und sie haben immer noch nicht kapiert, was es mit dem Baum der Erkenntnis auf sich hat.

Ein Einjähriger zieht Bilanz

Ob China zu den Olympischen Spielen die Presse knebelt oder wer in den Himmel springt, interessiert ihn nicht. Ebenso wenig der Heizölpreis. Passierten Kürbis hält er für eine Delikatesse, seinen Papa für einen Riesen, der jeden Kummer weg pfeift, und seine Mama für die einzige auf der Welt, die Kindertränen trocknen kann. So sind die Einjährigen. Sehen alles aus der eigenen Perspektive.

Am Mittwoch feiert mein Großneffe Max seinen ersten Geburtstag. Noch kommt er ohne Luftballons und Partywürstchen aus. Bekommt er aber ein Handy zu fassen, tauscht er es nicht freiwillig gegen alle Güter dieser Welt. Auch nicht gegen eine feste Stelle bei der Stadt Frankfurt oder das Bankkonto von Brad Pitt. Noch nicht einmal gegen ein Cabrio mit goldenem Lenkrad.

Weise von Nord bis Süd, von Ost bis West haben das Wunder des Lebens zu erklären versucht. Sich ihm annähern kann nur der Glückliche, der Tag für Tag erleben darf, wie aus ein paar hundert Gramm Baby ein Mensch wird. Die Zaungäste dieses Wunders werden gebeten, sich zu verneigen. In seinen ersten zwölf Monaten hat Max lächeln gelernt und sitzen, krabbeln, aufstehen, Tränen gezielt als Waffe einzusetzen und zu lachen, dass sich die Balken biegen. Wer mag ihm da ankreiden, dass es ihm schnurz ist, ob die Eintracht gewinnt oder verliert?

So ein Kind lehrt die, die es schon lange nicht mehr sind, dass das Leben herrlich ist und die Welt ein Vergnügen. Jede Schublade, an der so ein Minimensch zerrt, nährt die Entdeckerfreude, der die Menschheit den Hammer, das Rad und die Suppenkelle verdankt. Das macht allein die Neugierde. Gelb vor Neid könnte man werden, wenn man sieht, wie so ein Winzling die Welt bestaunt und betatscht. Und bejubelt! Aber Vorsicht! Allerorten lauern Griesgrame, die Kindern ihre Neugierde abgewöhnen, denn sie empfinden das schöne Wort »Warum?« als Kränkung und grunzen lieber, als zu reden. Aus künftigen Genies machen solche Leute Lebensverbraucher. Die lassen dann Schubladen zu, schrauben nicht mehr an Dosen und kippen keine Vasen um. Gut, dass der kleine Max keinen Schimmer hat, wie das Leben so läuft.

Wir alle brauchen Märchen

Ein Sommermärchen sollte es werden, doch das Fußballglück langte nur für Platz drei. Als der Winter uns das Fürchten lehrte, flehten wir den Himmel um einen Märchensommer an. Jetzt haben wir den Klimasalat. Höllenheiße Tage, schwüle Nächte, gereizte Menschen, Wolken, die platzen und uns das hässliche Wort Unwetter um die Ohren klatschen. Sehen so die Märchen aus? War auf sie früher auch mehr Verlass als heute?

Drei Mal nein. Die Märchenwelt war immer tückisch und nie zimperlich. Bis die Hochzeitsglocken läuteten und das junge Paar ins immerwährende Märchenglück entschwand, war der Weg mit Dornen und Gemeinheiten gepflastert. Tränen wurden eimerweise geweint. Schneewittchen hatte drei Mordversuche und sieben Zwergenmachos zu überstehen, ehe sie im gläsernen Sarg erwachte und ins Eheleben startete. Dornröschen lag 100 Jahre im Koma, bis der Prinzenkuss sie in die Wirklichkeit zurückholte. Selbst Kinder hatten in der Märchenwelt nichts zu lachen. Hänsel und Gretel wurden von den Eltern im Wald ausgesetzt, Rotkäppchen im Haus der Großmutter vom Wolf gefressen. Väter jagten ihre Söhne aus dem Haus, junge Frauen verführten ältere Männer und missbrauchten deren Töchter als Küchenmägde. In meinem Lieblingsmärchen wird Brüderchen nur deshalb in ein Reh verwandelt, weil er seinen Durst in einer Quelle löscht.

Noch gar nicht lange ist es her, dass Menschen, die es mit der Wahrheit nicht genau nahmen, vorgeworfen wurde, sie würden Märchen erzählen. Jemandem einen Bären aufzubinden oder ihm ein Märchen aufzutischen, galt als erzdumm. Der Satz »Erzähl mir bloß keine Märchen!« war eine halbe Kriegserklärung. Wer Ammenmärchen in Umlauf setzte, hatte mit Verachtung zu rechnen. Heute verlangen wir nach Märchen am laufenden Band. Im Märchenschloss wollen wir wohnen, einen Märchenprinzen heiraten und mit ihm in einer Märchenkutsche ins rosa gepolsterte Wolkenkuckucksheim fahren. Jammerschade, dass das Leben da nicht mitspielt.

Das Thermometer zeigt 38 Grad im Schatten, dem Hund ist übel, Ventilatoren sind ausverkauft, die Klimaanlage hat Verstopfung, und in der Eisenbahn wird man gegrillt. Dann kommen auch die Berufsoptimisten dahinter, dass die Wirklichkeit keinen Pfifferling auf unsere Wunschträume gibt und uns schamlos Ammenmärchen auftischt. Wohl dem, der es trotzdem fertigbringt, nachts in den Himmel zu schauen und einer Sternschnuppe den Herzenswunsch anzuvertrauen.

Leben von geborgter Zeit

Eines Tages stehen wir vor der eigenen Tür und seufzen. Der Urlaub ist vorbei. Auf der Treppe wiegt der Koffer schwer wie nie, verflogen ist die Ferienheiterkeit. Im ersten Stock hat sich Frau Spinne einquartiert. Ist das noch ein Fall von Hausfriedensbruch oder schon eine Hausbesetzung? Seit wann fliegen so viele Flugzeuge über das Haus? Wo sind die Schwalben abgeblieben, die über dem See vom Leben im Süden erzählten? Kein Schwan dümpelt mehr zu Prinzessin Tausendschön.

Wer schon mal aus der Welt ohne Pflicht und Bürde nach Hause zurückgekehrt ist, kennt das Lied. Es ist alt und doch ewig neu. Der Heimkehrer hat von geborgter Zeit gelebt; er hat die Sonne aufgehen sehen und abends immer noch die Illusion gehabt, das Leben wäre ein Hollywoodfilm und die Welt ein Bilderbuch. Nun ist man zu Hause, doch daheim ist man nicht. Mit fremden Füßen schleichen wir durch den Flur, stolpern über den Schuh, den ein Heinzelmännchen bei seiner Flucht vergessen hat. Der Kaffeebaum grinst und sagt, man wäre besser dort geblieben, wo der Pfeffer wächst. Frau Nachbarin habe ihn tausend Mal besser versorgt als wir.

Wir stehen mit der falschen Brille auf dem Balkon

und suchen vergebens den Durchblick von gestern. Der Spiegel im Badezimmer ist blind, das Küchenfenster klemmt, der Schnittlauch im Topf ist vertrocknet. Die Sofakissen haben die Sonne nicht vertragen. Es riecht nach Vergangenheit und kein bisschen mehr nach Sternenstaub. Wenn ein Geschöpf Flügel hat, ist's eine Motte und kein Schmetterling und auf keinen Fall ein Engel. So muss es Kolumbus ergangen sein, als er von Amerika zurückkehrte und die Gattin ihn fragte, weshalb er ihr aus Indien keinen Sari mitgebracht hätte und nicht einmal ein Tütchen Kreuzkümmel. Wahrscheinlich hat er da erst endgültig begriffen, dass er sich verfahren hatte.

Bei uns zeigt der Kalender den falschen Tag an, die Pendeluhr ist kollabiert, das Staubtuch riecht nach Vergänglichkeit. Die Hunde bellen nicht mehr spanisch und sagen wieder wau. Das Radio spricht deutsch. Wie hat Odysseus nach 20 Jahren Abwesenheit die Heimkehr überstanden, ohne Schaden an seiner Seele zu nehmen? Woher hatte er die Kraft, Penelopes Freier zum Teufel zu jagen und seinen treuen Hund zu streicheln? Wahrscheinlich muss man sich wie er im Urlaub an einen Mast gebunden haben, um in der eigenen Welt bei Verstand zu bleiben, oder sich zwischen so lebensgefährlichen Bedrohungen wie Skylla und Charybdis durchgequält haben, um später die eigene Heimat voll zu schätzen. Wer aber bekommt schon bei einer ganz gewöhnlichen Pauschalreise so ein außergewöhnliches Überlebenstraining?

Pony mit rosa Mähne gesucht

Kommende Woche ist – zumindest in Hessen – Schluss mit lustig. Kein Bad mehr im städtischen Brunnen, kein Jux mehr mit der Clique. Die Playstation wird ausgeschaltet, die Ferien sind vorbei, die Lehrer wieder angetreten. Es jubeln allein die Erstklässler. Ihnen wurde wochenlang weisgemacht, der Ernst des Lebens sei schokosüß und supergeil. Für den Tag der Tage reichten einst Tafel, Stift und Buch, gewaschener Hals und saubere Hände. Später kam die Schultüte dazu, zu Hause von flinken Frauenhänden gebastelt und gesund bestückt – unten Äpfel und Selbstgebackenes, oben Bonbons, dazwischen Radiergummi und ein Traktat für fromme Kinder. Aus Kindern wurden Kids, aus dem Wunsch, das Lernen zu versüßen, ein Leistungssoll für Eltern. Die Auswahl an Unsinn ist riesig. »Alles Coole für die Schule« empfiehlt ein Plakat in der Süßwarenabteilung eines Kaufhauses. Bitte darauf zu achten, dass Schultüte und Inhalt eine Einheit bilden. In die Tüte mit Pferdekopf gehören ein Pony mit rosa Mähne, in die Bärentüte Schokostifte, Gummibären und ein Plüschbär, der aussieht, als würde er die Bruchrechnung erst am Sankt-Nimmerleins-Tag begreifen.

Hingabe und Sorgfalt erfordert die Lernausstattung

für Erstklässler. Ein zeitgemäßes Schüleretui besteht aus 50 Teilen (Tintenpatrone und Füller inklusive). Etwas teurer ist die Faulenzerrolle, in die Stifte und Co. zwanglos hineingeworfen werden. Brauchte man früher so etwas, um Faulenzer zu werden, oder war das eine Sache der Gene und der Neigung?

Heute haben Kinder Chancen ohne Ende, um zu zeigen, wer sie sind. Jahrhundertelang mussten sie ja ohne Ringbücher und Schülerkalender im Totenkopf-Dekor auskommen. Und ohne Ranzen mit Leuchtmodulen, Backpack mit gepolsterten Tragegurten oder Lern-Laptops. Dies alles klingt mächtig trageschwer und rückenschädigend. Hilfreich für Transportprobleme ist der zusammenklappbare Alu Scooter. Für die Kleinen schleppt vielleicht ein arbeitsloser Papi, oder Mami organisiert eine Fahrgemeinschaft. Eine Oma, die nicht permanent den Kopf schüttelt, weil sie sich an die eigene Kindheit erinnert, tut es natürlich auch.

Figurfreundliches Brot für Pferde

Wie unterhalte ich mich mit einem Baby, ohne dass es sich angewidert abdreht? Soll ich abends kopfstehen und morgens meditieren oder umgekehrt? Weshalb verweigert meine Katze Kaviar und mein Mann die eheliche Treue? Weshalb werden meine grünen Bohnen immer grau, und wie erziehe ich mich dazu, keine Briefe mehr zu schreiben, sondern nur SMS? Solche Fragen und Probleme von ähnlicher Bedeutung kann heute jeder für sich klären. Keiner muss sich in unserer Zeit als rückständig offenbaren. Die Ratgebersendungen des Fernsehens und gedruckte Lebenshilfen in Buchform sorgen ständig dafür, dass wir den Anforderungen des modernen Lebens gewachsen sind.

So war es wahrhaftig nicht immer. Es gab Zeiten, da wurde der Bedarf an Ratgebern im Wesentlichen durch einfache Kochbücher und Anleitungen zur Säuglingspflege abgedeckt. Wer sich heute zur großen Gilde derer bekennt, die Kochen als entspannende Selbstverwirklichung empfindet, braucht ein Sonderregal für Kochbücher. Kochbuchautoren gehen immer mehr ins Detail. Wie schaffe ich es, dass meine Familie Pastinaken für essbar hält? Wie bekomme ich in 30 Minuten ein Vier-Gänge-Menü auf den Tisch? Wie backe ich figurfreundliches Brot für Pferde?

Kann alles nachgelesen werden. Noch höher wird der Bücherturm, wenn sich der Lernbegierige die vielen Anleitungen zum Thema Mensch anschafft. Diät für die Figur. Vollkost für den Geist, der kürzeste Weg zum Glück, Entspannung im Moor, Relaxen auf dem Montblanc, wie finde ich den richtigen Guru, wo eine Goldmine und bei wem Geborgenheit? Ob Esoterik, Lebenshilfe, Psychologie, ob Basteln mit Kindern oder ein Lehrbuch für den Umgang mit sprachbewussten Wellensittichen, wir werden alle bedient.

Bin ich die Einzige, die sich fragt, wie frühere Generationen ohne Ratgeberliteratur existiert haben? Leute, die nicht lesen konnten, und die Armen, die froh waren, wenn sie sich Brot leisten konnten, schwante es nicht einmal, dass Bücher von Nutzen sind. Den täglichen Kram mussten die Gestrigen durch Nachdenken lösen.

Keiner relaxte im Badeschaum, nirgends ließ einer die Seele baumeln, nur die große Wäsche. Der Hund bekam allenfalls einen Knochen und nie geistige Anregung. Wie wunderbar einfach. Ob man für die Rückkehr zum gesunden Menschenverstand ein Lehrbuch braucht?

Melancholie in der Warteschleife

Nehmen Sie einen Moment Platz. Gestern hörte ich den Satz zwei Mal, und ich weiß jetzt schon, dass er mir am Montag, weil drei Termine anstehen, bestimmt drei Mal um die Ohren geschlagen wird. Der Mensch von heute landet immerzu in der Warteschleife des Lebens (die am Telefon nicht mitgerechnet). Wem das nicht so ergeht, heißt entweder Merkel oder Obama oder Benedikt. Oder er parliert mit Papageien auf der einsamen Insel, die durch die Wunschträume aller Menschen geistert, denen Geduld nicht gegeben ist.

Auch mit einer festen Verabredung als Beleg, dass wir die Berechtigung haben, nach Frau X oder Herrn Y zu fragen, landen Hinz und Kunz und Freifrau von Dreidorf auf der Wartebank. Dort heißt es, Platz nehmen, Mund halten und nicht rechten, dass man als Einziger Termine pünktlich einhält. In trüben Momenten wundere ich mich, dass ich nicht in irgendeinem Vorzimmer vergessen worden bin und beim Frühjahrsputz unter den Teppich gekehrt wurde.

Gleichgültig wo man sich ansagt, ob beim Arzt, auf der Stadtverwaltung oder beim Meister in der Autowerkstadt, der am Telefon so wohltuendes Interesse für den Auspuff mit dem plötzlichen Grippeanfall zeigte, nie ist der ursprünglich ins Visier genommene

Ansprechpartner im Moment meines Treffens auffindbar. Statt der Person, um derentwillen auf das Frühstück verzichtet und ein Berg von Unterlagen in die Tasche gesteckt wurde, stößt der Wartende meistens auf junge Damen, die mit Routine und nur mäßig überzeugendem Lächeln auf freie Sitzgelegenheiten hinweisen und schlecht verhehlen, dass ihnen Störungen noch mehr zuwider sind als Würmer oder Männer in weißen Söckchen. Wer wagt es da noch, sich zu erkundigen, welche Zeiteinheit die Platzanweiserin mit dem Begriff Moment definiert?

Ob jemand zu Kolumbus gesagt hat: Nehmen Sie einen Moment Platz, als er sich das Ei kommen ließ, das bis heute noch als Ei des Kolumbus Furore macht? Wer wäre auf die Idee gekommen, Alexander dem Großen einen Stuhl anzubieten, als er das Schwert aus der Scheide zog, um den Gordischen Knoten durchzuhauen? Die allerwenigsten von denen, die Geschichte schrieben, haben herumsitzen müssen, ehe sie es taten. Keinesfalls hockten sie verschüchtert in einer Warteschleife, sie schritten zur Tat. Und wenn sie gut Acht gaben, nicht über ihre Füße zu stolpern, dann zieht die Nachwelt immer noch vor ihnen den Hut. Werde ich künftig bei fester Verabredung gebeten, einen Moment zu warten, schreite ich auch. Zur Ausgangstür!

Als es noch keine
Spülmaschinen gab

Die Spülmaschine streikte, und ich war außer mir. Nun versorge ich weder Kantine noch Kinderheim, nur einen Zweipersonenhaushalt, doch das Glück kehrte erst zu mir zurück, als die Maschine gesundete und Teller und Gläser wie im Werbefernsehen glänzten. Ich bekenne, dass ich mich schäme. Welch ein Frevel, mit dem Schicksal zu zetern, sobald man selbst Hand anlegen muss! Wir Heutigen hängen eben an unseren Maschinen wie die Steinzeitfrau an ihren Feuersteinen.

Die Hausarbeit per Knopfdruck zu erledigen, hat das Gedächtnis geschwächt für das, was den Frauen früher abverlangt wurde. Butter und Sahne per Hand schlagen, Federvieh rupfen; die Kaffeemühle klemmte die Frau des Hauses zwischen die Knie. Sie pökelte Fleisch, räucherte Fisch, machte Quark, saß am Spinnrad und träumte, jemand würde eine Maschine erfinden, mit der sie nähen könnte. Wonnen meiner Kindheit waren ein Gerät, das aus grünen Bohnen winzige Schnipsel machte, die nutzlos gewordene Mohnmühle mit dem Schild »Zur Erinnerung an Oberschlesien« und ein Holzfässchen, um Gurken einzulegen. Da Gurken nicht auf der Farm im Hochland von Kenia gediehen, wo ich Kind sein durfte, diente das Fass als Gebärstube für die Spanielhündin.

Im vormaschinellen Zeitalter wurde die Wäsche auf dem Waschbrett geschrubbt, in großen Töpfen im Keller gekocht und mit äußerst launischen Bügeleisen geplättet. Zu noch früherer Zeit wuschen die Frauen am Fluss und holten das Wasser vom Dorfbrunnen. Alles kein Kinderspiel. Brot kam nicht aus dem Supermarkt, Milch nicht aus der Tüte, Hähnchen nicht aus der Tiefkühltruhe und Frauen nicht aus dem Schuften heraus. Das Reinigen von Topf und Teller besorgten Kinder, sobald sie zu alt waren, um nur zu spielen. Sagen wir ab dem vierten Lebensjahr.

Anderen Menschen voraus habe ich das Wissen, wie lustig es sich ohne Toaster lebt. Owuor, unser Koch auf der Farm und Liebling meiner Leser, klemmte die Brotscheiben zwischen seine Zehen, schob seinen rechten Fuß zum Kamin und lachte sehr, wenn meine Mutter ihn fragte, ob er seine Füße gewaschen hätte.

Einmal an die eigene Brust klopfen

Der Partner war in einen Streit mit dem Kaffeeautomaten verwickelt. Ich schaute vom siebten Stock des Kaufhofs in Frankfurt auf die Katharinenkirche und die Hauptwache. Die Sonne schien, der Himmel war veilchenblau. Die Tauben versprachen, ihren Dreck selbst zu beseitigen, und ich murmelte Gestehe, dass ich glücklich bin aus Schillers Ring des Polykrates vor mich hin.

Eine junge Frau betrat die Szene, beäugte eingehend meine prall gefüllte blaue Einkaufstasche, die auf der Heizung stand, und befragte die Dame am Nachbartisch, ob die ihr gehöre. Die Angesprochene verneinte. Mir schien es, als würde die Fremde ihre Hand in Richtung meiner Tasche ausstrecken, woraufhin ich energisch die Eigentumsverhältnisse klärte. Die Frau verzog sich ziemlich erschrocken, wie mein Kennerauge sofort analysierte.

Die Dame am Nachbartisch freute sich an ihrem Rührei. Sie sah aus, als könnte sie noch Strümpfe stricken und einen Champignon von einem Fliegenpilz unterscheiden. Man könne, erklärte ich ihr, heutzutage nicht vorsichtig genug sein, die Taschendiebe schreckten vor nichts zurück. Die junge Frau hätte doch mitbekommen müssen, dass die Tasche auf der

Heizung jemandem gehöre. Meine Gesprächspartnerin nickte Einverständnis. Trotzdem sagte sie milde: Vielleicht hat sie sich mit jemandem verabredet, der eine blaue Tasche hat.

Nun kenne ich mich mit den Tricks der Branche optimal aus, seitdem mir in einem Restaurant ein Straßenräuber die Handtasche unter meinen Augen gestohlen hat. Ich hielt es für Pflicht und Nächstenliebe, die gutgläubige Frau umfassend aufzuklären. Mein Partner und ich waren uns einig, dass so eine hinter dem Mond zu Hause sein müsse und bestimmt auch mit Gänseblumen quatsche.

Die präsumptive Taschendiebin saß derweil am Nachbartisch. Noch nicht einmal ein Glas Wasser hat sie sich geholt, empörte ich mich. Just in dem Moment wurde sie von einer Dame angesprochen, einer mit einer dunkelblauen Einkaufstasche, die meiner aufs Haar glich. Die beiden gingen zusammen los und ich in mich. Bei der Dame am Nachbartisch entschuldigte ich mich, dass ich sie für eine blauäugige Dorfpomeranze gehalten hatte, natürlich, ohne ein Wort zu sagen. Feiglinge reden ja nie viel. Weshalb ich die Geschichte erzählt habe? Weil ich durchaus dafür bin, dass man von Zeit zu Zeit die Prügel, die man anderen zugedacht hat, selbst beziehen sollte.

Bloß nicht zurück in die Fünfziger!

Die fünfziger Jahre kommen mal wieder auf uns zu.
Noch nicht die Nierentische und Tütenlampen, aber
doch die ersten Grüße der Modeateliers. Wer die Zeit
der Petticoats und Ringelstrümpfe erlebt hat, erinnert
sich an Glockenröcke und gerüschte Blusen, an Vo-
lants und an die groß karierten Jacken, die im Rück-
blick alle aussehen, als wären sie aus Pferdedecken um-
gearbeitet worden.

Weil ich die fünfziger Jahre nicht nur erlebt, sondern genau im Gedächtnis habe, frage ich mich immer
wieder, weshalb die Heutigen die Zeit von damals so
vergolden. Zugegeben: O.W. Fischer war noch jung,
Haferflocken kosteten 49 Pfennig das Pfund, und artige kleine Mädchen glaubten an den Klapperstorch.
Ihre Mütter gingen nicht ohne Hut in die Stadt, gönn-
ten sich Berge von Schlagsahne und nach Herzenslust
Tratsch im Treppenhaus. Im Frankfurter Zoo gab es
noch Elefanten. Die Alten nannte man noch nicht
Senioren, sagte aber auch nicht Hoppla, Oma!, wenn
man sie über den Haufen rannte.

Sehr genau bleibt mir im Gedächtnis, dass die Fünfziger längst nicht so problemlos waren, wie der Blick
zurück uns suggeriert. Es war wahrhaftig kein schieres
Vergnügen, jung zu sein, trennte sich die ältere Ge-

neration doch schwer vom gewohnten Befehlston der Kriegsjahre. Der Satz »Solange du deine Füße unter meinen Tisch stellst«, bestimme ich« wurde im trauten Familienkreis häufiger gebraucht als »bitte« und »danke«.

Möge uns auch der Hawaii-Toast gemundet haben, schwer zu ertragen war der moralische Mief der unmittelbaren Nachkriegszeit. Verliebten ohne Trauschein blieb nur ein Bett im Kornfeld, ledige Mütter waren allesamt Sünderinnen. Bei Männern galten außereheliche Exkursionen als Kavaliersdelikt. Im Deutschunterricht wies Frau Oberstudienrätin weniger auf Goethes Sprachkraft als auf Gretchens sittliche Verfehlung hin.

Schon wegen der Verklemmtheit der Fünfziger wünsche ich mir kein klitzekleines bisschen meiner Jugendzeit zurück. Kann ich aus Altersgründen auch keinen Petticoat mehr tragen, so kann ich das Leben doch in vollen Zügen genießen. Zum totalen Glück brauche ich mir noch nicht einmal einen jungen Mann mit Vespa zu wünschen.

Ohne Kuss geht nichts

Zu den bisher nicht eingehend erörterten Nebenwirkungen der Schweinegrippe gehört die ärztliche Empfehlung, sich beim Küssen Zurückhaltung aufzuerlegen. Das trifft uns alle, nicht nur, wie ich zunächst voreilig vermutete, die Bussi-Gesellschaft, die südlich des Mains den oralen Austausch von Zärtlichkeiten und Jubellauten jenseits einer erträglichen Schallgrenze zu praktizieren pflegt. Nein, ein Kuss, ob ein Übermittler von Bazillen oder nicht, ob zum Zeitpunkt des Geschehens salonfähig, unpassend oder provokativ, ist in den meisten Teilen der Welt ein Stück Kultur.

Ungeküsst sollten Frauen nicht zu Bett gehen. Ich küsse Ihre Hand, Madame, sangen die Comedian Harmonists, Richard Tauber und Peter Alexander, und wir hören sie noch heute. Babys werden permanent geküsst, Bartträger, Bardamen und Banausen etwas seltener. Alte Damen küssen ihren Pekinesen, junge Mädchen merken erst, wenn es zu spät ist, dass aus Küssen kleine Kinder werden können.

Aus der Kunst ist der Kuss nicht wegzudenken. In einer Skulptur des französischen Bildhauers Auguste Rodin wird das ineinander verschlungene Paar zum Sinnbild der körperlichen Liebe. Der Österreicher Gustav Klimt hat mit seiner strahlenden Darstellung vom Kuss eines der schönsten Bilder des Jugendstils geschaffen. Der Franzose Jean-Honoré Fragonard malte 1788 das inspirierende Werk »Der heimliche Kuss«.

Filme ohne Kuss wären wie Autos ohne Motor. Auch die Weltgeschichte kommt ohne Kuss nicht aus. De Gaulle küsste gern und wirksam. Kohl hat's von ihm gelernt. Angela Merkel, der dies bestimmt nicht in die Wiege gesungen wurde, küsst heute, als wollte sie die ganze Welt umarmen. Selbst der Papst küsst – den Boden.

Verkehrsfachleute wollen wissen, dass Menschen, die frisch geküsst ins Auto steigen, weniger Unfälle verursachen als ungeküsste Kilometerfresser. Ein Kuss, so hat man ausgerechnet, dauert zwölf Sekunden und verbraucht bis zu 20 Kalorien. Vor allem dient der Kuss der seelischen Gesundheit, denn beim Küssen blamieren sich die wenigsten. Ein einziger Kuss reichte, um aus einem Frosch einen Prinzen und aus dem toten Schneewittchen eine höchst lebendige Prinzenbraut zu machen.

Auf diese erwärmende Art der Kommunikation nur der Schweinegrippe wegen zu verzichten, wäre für uns alle ein gewaltiger Rückschritt. Den Menschen kann man vielleicht noch erklären, weshalb sie auf ihren Arzt hören und nur noch ihren Teddybären knutschen sollen. Aber unseren Brüdern, den Orang-Utans, die sich schon beim Zungenkuss haben fotografieren lassen, wird die neue Hygiene gar nicht gefallen.

Wenn Gutmenschen
schwadronieren

Mir ist nicht bange um die Welt. Schon gar nicht um die Menschen, die diese Welt so liebenswert machen. Wer nämlich befragt wird, was er mit einem Millionengewinn im Lotto tun würde, braucht keinen Herzschlag Bedenkzeit.

Wir sind, so stellt sich heraus, alle selbstlos, freigebig bis zum Exzess und ausschließlich um das Wohl von weniger glücklichen Nachbarn besorgt. Umfragen in Funk und Presse ergeben immer wieder das Bild vom Philanthropen, der täglich an einer trockenen Brotrinde knabbern würde, wenn nur die Armen in der Dritten Welt genug zu essen hätten.

Macht nichts, dass wir heute noch ein Minus auf dem Konto haben und den Fernseher abstottern, der vor zwei Jahren ins Haus kam. Vielleicht steht morgen ein Dukatenesel im Stall. Dann können wir unsere Millionen nicht mehr zählen, sind aber ganz heiß darauf, eine Schule in Daressalam zu bauen oder einen Kindergarten im Sahel mit goldenen Tischen und goldenen Stühlen und goldenen Gabeln. Es versteht sich, dass alles vom Feinsten ist, wenn unsereiner die Welt saniert und dafür sorgt, dass keiner mehr hungert und keiner mehr friert und sich endlich all das leisten kann, was wir uns schon immer gewünscht haben.

Die präsumptiven Lottogewinner, diese Gutmenschen, diese Schwadroneure zögern keinen Augenblick, wenn sie in Gedanken ihre Kinder enterben und der frierenden Oma noch nicht einmal einen Fußsack gönnen. Bescheiden wollen die neuen Reichen sein. Das schwören sie mit zwei erhobenen Händen. Ein Rolls-Royce mit Chauffeur kommt ihnen nicht ins Haus. Eine Villa mit Swimmingpool finden sie Quatsch. Die Leberwurststulle ist ihnen lieber als das Kaviarbrötchen. Wenn das Glück zu ihnen kommt, wollen sie weiterwerkeln wie die Heinzelmännchen, und im Urlaub werden sie auf deutsche Berge kraxeln und mit dem deutschen Rindvieh muhen.

Wie leicht wäre das Leben, wären die Menschen wirklich auf das Wohl ihrer Mitmenschen bedacht. Sehe ich indes, dass Obdachlose behandelt werden, als wären sie allesamt selbst schuld an ihrer Misere, registriere ich die Blicke, mit denen im Lokal ein weinendes Kind bedacht wird, bedenke ich, wie schnell die Alten, Schwachen und Armen aufs Nebengleis des Lebens geschoben werden, so bin ich ganz sicher, dass die Menschen auch nur Leute sind. Meistens solche, mit denen nicht gut Kirschen essen ist.

Heute Wau und morgen Miau

Beim morgendlichen Plausch erzählte der liebenswürdige junge Mann, sein Tag wäre einem wichtigen Projekt zugedacht. Ich nickte, um anzudeuten, dass ich mit dem diffizilen Wort Projekt vertraut bin. Dann revanchierte ich mich für seine Mitteilungsfreudigkeit und berichtete, ich wolle auf den Wochenmarkt gehen. Seine Augen nahmen Habachtstellung an, und er sagte Wau. Vielleicht sprach er auch Englisch und hat Wow gebellt. Das weiß man heute nie so genau. Auf alle Fälle tat er so, als hätte mich Albert von Monaco gebeten, sein Trauzeuge zu sein, oder Dienstwagen-Schmidt hätte sich von mir ein Fahrrad geliehen.

Natürlich grübelte ich ein Weilchen, ob sich die Jugend von heute vielleicht nicht mehr vorstellen kann, dass eine Frau vom vorigen Jahrhundert einfach auf einen Markt geht und Tomaten kauft. Vielleicht wollen die Jungen nur höflich sein, wenn sie mit einem Wau zu verstehen geben, dass sie uns für außerordentliche Leute halten. Es mag aber auch sein, dass die Wau-Sager sich nur staunend zeigen, weil sie begriffen haben, dass Staunen immer gut ankommt. Am Ende sagen Leute, die mit der Zeit gehen, selbst zu ihrem Hund Wau. Wahrscheinlich miauen sie nicht einmal ihre Katze an.

Die Jugendsprache war seit jeher Ursache für Verständigungsschwierigkeiten zwischen den Generationen. Wahrscheinlich hat schon Adam Bauchschmerzen bekommen, wenn er Kain und Abel reden hörte. Die Lebensweisheit, dass Reden Silber ist und Schweigen Gold, muss einem Vater eingefallen sein, der mit seinem 17-jährigen Sohn über die Ethik der Arbeit und den Wert des Geldes diskutierte.

Zu verkünden, ich bin total weggebeamt, wenn ich träume, und scenic zu sein, wenn ich einem Trend vorauseile, überlasse ich der Jugend. Die sagt ja auch chillen, wenn sie entspannen will, wogegen ich das Wort nur aus dem Englischen kenne; da hat es ursprünglich verkühlen bedeutet.

Soeben habe ich ein Interview mit der verehrten Ministerin von der Leyen gelesen. Auch sie lässt in den Ferien die Seele nicht mehr baumeln; sie will im eigenen Garten chillen. Mit sieben Kindern als Lehrmeister hat Frau Ursula es natürlich leicht, sich sprachlich auf der Höhe der Zeit zu halten und nicht als eine Nullchecke (dumme Frau) dazustehen. Wir Uralten aus der Welt von gestern müssen uns mit Wau begnügen.

Wie lernt man Prioritäten zu setzen?

War ich als Kind in ein Buch vertieft, prophezeiten mir die Eltern eine abscheuliche Zukunft als Blaustrumpf. In der Schule sagte aber Frau Lehrerin: Wer nicht liest, soll zurück auf den Baum. Der Mensch lernt eben früh, dass er es keinem recht machen kann. Hört er gern Volksmusik, hat er keinen Geschmack. Mag er nur Bach, ist er ein Snob. Sitzt er auf dem Fahrrad, kränkt er die Fußgänger, sitzt er im Auto, macht er die Umwelt kaputt. Hat er einen Hund, verachten ihn die Katzenfreunde und Straßenkehrer.

Viel getadelt wird der essende Mensch. Vincent Klink, ein Meisterkoch, den ich sehr schätze, weil er nicht so tut, als sei Kochen das A und O der Welt, und uns stattdessen klarmacht, dass das Leben am Herd höchst vergnüglich sein kann, hat uns soeben ein Mangelhaft ins Zeugnis geschrieben. Den Deutschen wirft er vor, sie würden von allen europäischen Nationen am wenigsten fürs Essen ausgeben und falsche Prioritäten setzen. In anderen Worten: Ein Flachbildschirm ist vielen Leuten lieber als eine Lachsforelle in Champagnerschaum oder das berühmte Rinderfilet Wellington.

Natürlich findet das ein Sternekoch eine Todsünde, aber der Teil der Menschheit, der rechnen muss, um durchzukommen, mehrt mit seinem schwer erarbeiteten Geld lieber seinen Besitz als seinen Hüftumfang. Krösus und Co. können täglich Hummer essen und ihren Pudel mit Königinpastete vollstopfen und sich trotzdem einen Ferrari leisten. Aber es ist nicht ehrenrührig, wenn Frau Meier, die an der Kasse vom Baumarkt sitzt, nach Sonderangeboten Ausschau hält und einen Bogen um Kaviar und Gänsestopfleber macht.

Wer je Hunger litt, hat ohnehin kein Talent zum Gourmet, fühlt sich in Esstempeln nur bedingt wohl und denkt bei Wachteleiern in Madeirajus an Hühnereier mit Frankfurter Grüner Soße. Es gibt Bankdirektoren, die sich einen Hamburger an ihren Schreibtisch bringen lassen, und es gibt typische Deutsche wie ich. Die halten Kartoffeln für eine Gottesgabe. Allerdings würde ich sofort auf Kartoffelsalat verzichten und mein Lebtag von Wasser und Brot leben, wenn ich mir vom Ersparten mein Lieblingsbild von Renoir kaufen könnte. So ist das mit Prioritäten.

Wie man nicht auf dem Teppich bleibt

Wird es dem Esel zu wohl, geht er bekanntlich aufs Eis. In gleicher Seelenlage kaufen wir Salz aus fernen Ländern so wir Wert darauf legen, unsere Kartoffeln und Fleischklopse auf höchstem Küchenniveau zu würzen. Lange Zeit genügten der Hausfrau in Sachen Geschmacksverfeinerung die Produkte heimischer Salinen. Sofern ich meinen Augen trauen kann, schätzen Küchenbewusste heute eher das ausgefallene und extravagante Körnchen. Salz vom Himalaya kostet sechs Euro pro Pfund; doppelt so teuer ist das aus der Kalahari. Der Preis verdoppelt sich abermals, wenn es Meersalz aus der Camargue mit Algen angereichert sein soll. Wird so aus einem gewöhnlichen Fischfilet eine Götterspeise? Oder nur der Beweis, dass manche Leute auch den Kakao trinken, durch den man sie zieht?

Kinder früherer Generationen wurden aus Gründen der Not und der Bescheidenheit mit dem Sprichwort genährt, Salz und Brot mache Wangen rot. Gemeint war freilich das klassische Kochsalz, heute noch aus Bad Reichenhall für 79 Cent zu kaufen, mit dem Zusatz von Jod und Fluorid. Der schöne gelbe Pappbehälter mit Alpenpanorama am unteren Rand zeigt an, dass Tradition noch Bestand hat. Ein Hoch auf diejenigen, die nicht nach dem Australian Murray River Salt oder nach dem schwarzen Salz aus Hawaii greifen müssen, um ihren Ruf als Koch zu dokumentieren.

Beim Einkaufen kommt mir immer wieder der Verdacht, dass es trotz Rezession eine ganze Menge von Menschen geben muss, die Wert darauf legen, ihre Dorade in standesgemäße Salzkruste einzukleiden. Es darf gelacht werden. Oder geseufzt?

Wer auf dem Teppich bleibt, geniert sich wahrhaftig nicht, seine Suppe auf die herkömmliche Art zu versalzen. Oder an melancholischen Tagen in den Suppentopf zu heulen und die Brühe vom Huhn aus freier Bodenhaltung mit den eigenen Tränen (garantiert ohne künstliche Zusätze) abzuschmecken. Den wilden Tieren Afrikas, die man in teuren Baumhotels den gutbetuchten Touristen zuliebe nachts mit Salzbrocken an beleuchtete Tränken lockt, mundet auch nur das, was ihre Urväter schon schätzten. Salz vom Himalaya liegt nie unter den Bäumen.

Häuptling Silberlocke bekommt Essen auf Rädern

Wenn wir Märchenerzählern und Romanciers glauben, kamen Großvater und Oma früher beizeiten aufs Altenteil, wo sie im Bestfall auf der Ofenbank kauern durften und Hafergrütze löffelten. Von solch rüder Praxis sind wir heute Äonen entfernt. Alt zu werden gilt nun als ein ebenso großes Vergnügen wie jung zu sein. Siehe die Fotos von alten Menschen pardon: Senioren in Annoncen und im Werbefernsehen. Gleichgültig, ob sie Arthrose haben oder auf Treppenliften balancieren, die Grauhaarigen lachen sich schier kaputt.

Häuptling Silberlocke hält grinsend eine ergraute Squaw im Arm und nach einem flotten Seniorenheim Ausschau, von dem aus es sich gut joggen oder auf Dreitausender kraxeln lässt. Zaungucker freuen sich so sehr am Glück der beiden, dass sie umgehend den nächsten Jungbrunnen ansteuern. Die Generation 66 plus wird auch Generation Silber genannt. Werden zwölf Leute für Werbezwecke abgelichtet, lacht das Dutzend so lustvoll, als hätte es den Jackpot geknackt. Spätestens wenn die erste Rente aufs Konto kommt, hat man so vergnügt zu sein wie ein Dackel, der noch nicht dahintergekommen ist, dass in seinem Napf geriebene Möhren sind.

Die Generation Silber, so merkt der sofort, der zu Hause hockt und mit dem Zustand der Welt hadert, lässt sich nie den Schneid abkaufen. Schon gar nicht durch so grämliche Vokabeln wie Gedächtnistraining, Mahlzeitenservice, Notrufsysteme, Wege zur uneingeschränkten Mobilität und Stressabbau im Alter. Alte Menschen gibt es heute nicht mehr, allerhöchstens Greise. Und auch die, so sehen wir an Jopie Heesters, können noch singen und behaupten, sie liebten das Leben.

Bestager (neudeutsches Wort englischen Ursprungs) machen um sieben Uhr in der Früh Kniebeugen und lachen dabei so schallend, dass der Wellensittich sich wegen Lärmfolter beim Tierschutzverein beschwert. Klingelt der junge Mann, der das Essen auf Rädern ausliefert, hetzt die Hausfrau drei Treppen herunter und drückt dem Burschen ein Bussi auf die Wange, denn in ihr steckt die Kraft von zwei Herzen.

Warum begegne ich solch gut gelaunten Senioren nie in Bussen und Bahnen? Betrübt stehen dort die Alten herum und sehen aus, als hätte ihnen das Leben mächtig zugesetzt. Offenbar hat ihnen niemand erklärt, dass es im Alter ein Riesenspaß ist, von jungen Leuten herumgeschubst zu werden.

Die Romantik von gestern

Die feinen Spitzentaschentücher, die zu Boden fallen und von Kavalieren aufgehoben werden, gibt es
höchstens noch in Operetten und Biedermeierlust-
spielen. Auch sorgt kein Fächer mehr dafür, dass Eva
und Adam zueinander finden, und Sonnenschirme
werden heute allenfalls von japanischen Damen benutzt, für die ein blasser Teint Noblesse und Kultur
symbolisiert. Im 19. Jahrhundert war das ganz anders.
Ein Sonnenschirm übermittelte so viele Botschaften
wie heute Mails und SMS. Offen und in der linken
Hand getragen gab der Schirm einem Mann zu verstehen, dass die Trägerin seine Bekanntschaft machen
wollte. Durch einen geschlossenen Sonnenschirm in
der Linken schlug Madame dem Objekt ihrer Begier-
de vor, an der nächsten Kreuzung auf ihn zu warten.
Das alles deutet darauf hin, dass Deutschlands Männer zwischen der Steinzeit und der Gegenwart eine
feinfühlige und wache Phase hatten. Es wäre albern
und auch undankbar gegenüber dem technischen
Fortschritt, der heute unser Leben prägt, den romantischen Tändeleien von vorgestern nachzutrauern. Frau-
en benutzen nur noch Papiertaschentücher, nach denen sie sich noch nicht einmal selber bücken, wenn sie
ihnen aus der Hand fallen; sie kokettieren weder mit

Handschuhen, die ihnen von Männern nachgetragen werden, noch locken sie ihre Beute an, indem sie hinter Fächern Signale austauschen.

Die Cafés alter Art wurden von den beliebten Tankstellen für Espresso und Latte macchiato abgelöst. Dort hält sich die überwiegende Anzahl der Konsumenten nur im Ausnahmefall damit auf, miteinander zu kommunizieren. Hübsche junge Frauen, um deretwillen in meiner Jugend Männer durch tausend Feuer gegangen wären, simsen, starren ins Laptop, sprechen ins Handy, forschen im Internet und wissen im Gegensatz zu mir, was ein Facebook ist. Auf alle Fälle wirken sie bedeutend. Gegen diesen Trend der Zeit verhalten sich nur junge Mütter. Sie geben allzeit und auf entzückende Art dem Wunsch ihrer Babys nach, die auf persönliche Ansprache, Flasche und Beißring bestehen.

Dass Mann und Frau noch zueinander finden wie einst im Mai der Menschheit, verwundert mich indes nicht. Es gibt ja den Flirtcoach, Flirtschulen, Singlebörsen und den virtuellen Chat. So gerät keine Frau mehr in eine Situation, in der sie hinter einem geöffneten Fächer kokettieren oder einen Handschuh fallen lassen muss. Als Frau von gestern finde ich es allerdings logisch, dass es heute mehr Männer mit Neurosen gibt als Kavaliere, die Rosen verschenken.

Mona Lisa im Salzteig

Wir wissen, dass es im Lauf der Geschichte viele kreative Menschen gegeben hat. Beispielsweise Rembrandt, Michelangelo, Goethe und Newton, dem ein Apfel auf den Kopf fiel und der daraufhin prompt das Gesetz der Schwerkraft entdeckte. Der Große Brockhaus ist voll solcher Geschichten. Von kreativen Frauen ist selten die Rede. Die putzten und brutzelten, brachten Kinder zur Welt und waren dem Gatten auch sonst zu Diensten. Schöpferisches Tun wurde weder von Arm noch Reich erwartet. Sticken, Spinnen, Weben und ein bisschen Singen reichten vollauf.

Erst uns Heutigen wird Kreativität anempfohlen sozusagen als Gegenstück zur technisierten Welt. Die Freizeitforscher gehen davon aus, dass schöpferisch tätige Menschen und da vor allem die Frauen rundum glücklich sind. Künstlerisches gedeiht aber nicht im Sessel, selbst nicht mit einem Buch. Auch reicht es nicht, sich beim Bügeln ein Hörbuch vorlesen zu lassen oder beim Telefonieren Strichmännchen zu zeichnen. Die Mona Lisa als Katze zu malen oder in Salzteig auszubacken beweist schon eher Talent zum Außergewöhnlichen. Zu loben sind Vierjährige, die aus dem Teig für Mamis Käsekuchen einen Klumpen kneten, der sich als der Bamberger Reiter deuten lässt.

Vorsicht vor Frauen, die im Advent nur Plätzchen backen, statt Gedichte zu schreiben oder den Faust für Analphabeten zu illustrieren.

Der Umstand, dass es Begriffe wie Kreativitätstest und Kreativitätstrainer gibt, zeigt auf alle Fälle, dass wir alle Kreativität so nötig haben wie unser täglich Brot und die Fernbedienung. Armselige Kreaturen sind das, die in ihren Ferien das Leben genießen, ohne sich weiterzubilden. Das Wort Kreativurlaub, in dem der Mensch eine künstlerische Tätigkeit erlernen oder die bereits erlernte ausüben kann, verdanken wir Wissenschaftlern, die Müßiggang als gesundheitsschädlich empfinden. Die Vorstellung, einen Krug zu töpfern oder eine Collage aus Fischgräten zu kleben, sollte manchen von uns dazu bringen, im Urlaub nicht auf der faulen Haut zu liegen. Die ist ja auf die Dauer schon den alten Germanen nicht gut bekommen.

Nur eine Erfindung der Philosophie

Wenn sich die Welt überhaupt nicht bewegte, würden wir ja alle noch auf den Bäumen hocken und darauf warten, in kuschelige Höhlen umzuziehen. Auch das Rad wäre noch nicht erfunden, geschweige denn der Schnellkochtopf oder Pommes mit Majo. Zweifellos hat sich im Verlauf der Zeit viel geändert, manches gar zum Guten. Wir wohnen heute ebenso komfortabel wie einst die Höhlenmenschen, das Rad ist da, auch die Gabel, der Reißverschluss und das Handy. Geht man aber nicht in die Urzeiten zurück und betrachtet eher überschaubare Zeiträume, wird rasch klar, dass vieles im Leben doch so bleibt, wie es immer war. In einer 60 Jahre alten Zeitung, die beim Renovieren aus dem Nebel von vorvorgestern auftauchte, stellte ich fest, dass Preissteigerungen am laufenden Band wirklich ein ganz alter Hut sind. Im August des Jahres 1948 wurden auf dem Erlanger Wochenmarkt von aufgebrachten Hausfrauen Obstkörbe umgeschmissen und die Händler mit Äpfeln und Tomaten beworfen. Der Preise wegen. In Oldenburg wurden Händler verprügelt, weil sie für ein Ei 50 Pfennig forderten. Die Verbraucher waren der Meinung, dass sie eine staatliche Preisüberwachung brauchten, um nicht von den Kosten aufgefressen zu werden. 4000 unzufriedenen

Kunden aus Kulmbach taten ihren Unwillen auf dem Marktplatz durch Transparente kund. Vieles von gestern erscheint mir bekannt: In New York werden Spezialkurse für junge Väter eröffnet, damit sie das Baden und Wickeln von Säuglingen erlernen, ein Scheidungsanwalt hat herausgefunden, dass schönen Frauen kein dauerhaftes Glück in der Ehe beschieden ist. Friseure empfehlen Pflegemittel, damit ihre Kundinnen keinen Kummer mit stumpfem Haar haben. Auf der Wetterfront kommt es zu einzelnen Gewittern, und Frauen diskutieren, ob sie ein Kind auf natürlichem Weg oder per Kaiserschnitt bekommen sollen. Gibt uns das Wissen, dass die Dinge so bleiben, wie sie waren, die Sicherheit, nach der wir uns ein Leben lang sehnen? Oder ist dies alles nur einer der vielen Beweise, dass die Rede von den Zeiten und Menschen, die sich immerzu ändern, eine Erfindung der Philosophen ist?

Kürbis macht Karriere

Die dickbäuchigen Gesellen, die aus der Farbe Gelb einen Herbstrausch machen, liegen jetzt wieder zwischen Tomaten, Kartoffeln und Paprika. Bei den meisten bedingt ihre Figur, dass sie nur in Einzelteilen nach Hause getragen werden können. Ohne ordentliche Messer für den finalen Schnitt sind sie ein totaler Fehlkauf. Vom Kürbis ist die Rede. Frau Henriette Davidis, deren Praktisches Kochbuch für die gewöhnliche und feinere Küche erstmals 1844 erschien und die man heute noch mit Gewinn zu Rate ziehen kann, pries schon damals den mit Essig, Zucker, Pfeffer und Muskat eingemachten Kürbis als wohlfeil und empfahl ihn zu Suppenfleisch und Kartoffeln. Jedoch galt der wuchtige Kerl mit der harten Schale lange Zeit als Armerleutekost. Auf der Tafel standesbewusster Bürger wurde er selten gesichtet. Das änderte sich erst im Steckrübenwinter 1917.

Die Hungerjahre von 1945 bis 1948, als nur Menschen mit eigener Scholle und geeigneter Tauschware in Form von Familiensilber oder amerikanischen Zigaretten an Obst und Gemüse kamen, sorgten für seine endgültige Rehabilitierung. Die Einnahme von Kürbissuppe und einem wie Kleister schmeckenden Kürbisbrei, der von der Frau des Hauses wahlweise als

Marmelade oder Fleischersatz aufgetischt wurde, galt nicht mehr als beschämend, sondern als lebenserhaltend. Wer Steckrübenkaffee in der Tasse hatte, empfand den Kürbis auf dem Teller gar als Freund.

Seitdem hat der Wonnekloß eine unglaubliche Karriere gemacht. Auf den Wochenmärkten im ganzen Land leuchten Kürbisse; preisgekrönte, mit Sternen bekränzte Köche werden nicht müde, den Gourmets und solchen, die sich dafür halten, neue Rezepte zu liefern. Kürbisse gibt es gefüllt und gebacken, frittiert, immer noch süßsauer, auf der Pizza, in der Pasta, als Suppe, in Stollen, im Gewürzbrot, Senf und Ketchup. Von Kürbisbowle schwärmt der Kenner. Man kann ihn auch aus Wollresten stricken und in Kreativkursen modellieren. Wenn wir im Oktober das neudeutsche Fest Halloween feiern, wird er ausgehöhlt und mit dem Schnitzmesser bearbeitet. Dann grinst er monstergefährlich im Kerzenschein, und selbst Hexen bekommen Bauchschmerzen. Wahrscheinlich weil wir ständig auf der Suche nach der guten alten Zeit sind, kamen die Küchenweisen erst auf die Idee, Kürbis als eine Delikatesse auszugeben. Ich wage Widerspruch. Für mich, die ich in übelster Hungerzeit die erste Bekanntschaft mit dem zähen Kerl machte, schmeckt er immer noch so abscheulich wie damals.

Hammer und Säge
aus Vollmilchschokolade

Die Vögel zwitschern ohne Lust, der Ostwind droht mit Glatteis und der aus dem Norden mit Grippe. Selbst die kleinsten Unken singen schmutzige Lieder und behaupten, die Zukunft trage Siebenmeilenstiefel. Morgens wird es zu spät hell, abends zu früh dunkel. Nichts ist, wie es sein soll. In einer Kochzeitschrift sah ich ein Reh am Waldesrand stehen, doch statt mit einer Unterschrift, die dem edlen Tier gerecht geworden wäre, war das Foto mit einem Rezept für Rehkeulen versehen.

Man sieht: Wir haben den Magen auf Winter und das Gemüt auf Weihnachten einzustellen. Hotels bieten Genusswochen an; der Gast hat Exquisites wie Zanderfilet auf Majoranlinsen und Lammspießchen auf Patatenpüree zu erwarten. Meisterköche zeigen sich bereit, ihre Kenntnisse auch mit Menschen zu teilen, die ein Perlhuhn mit einem Fasan verwechseln, und was die Schüler im Topf haben, dürfen sie an Ort und Stelle verputzen.

Wer dem Kater brühwarm erzählt, das ganze Leben sei letztendlich doch nur für die Katz, beschäftigt sich zu Hause mit Weihnachten. Eine edle Firma in London, die außer der Queen Hoheiten aus aller Herren Länder bedient, hat ausgerechnet mich auf ihrer

Adressenliste. Das Management scheint zu wissen, dass ich meinen zweijährigen Großneffen vergöttere. Es bietet mir einen silbernen Geschenkkorb mit wunderbar verpacktem Naschwerk für Kinder an. Von dem Geld, das für diese Kariesfalle zu entrichten ist, kann sich ein Zahnarzt ein Schachspiel aus purem Gold kaufen. Eine deutsche Firma für Leute mit bescheidenen Ansprüchen und ebensolchem Geschmack hat hingegen wirklich Preiswertes im Angebot, für den Heimwerker gibt es Hammer, Säge und Zange aus Vollmilchschokolade, für Senioren, die nicht glauben wollen, wie es um die Welt bestellt ist, kaufe der Enkel Brille und Gebiss aus Marzipan.

Doch nur Pessimisten und Angsthasen lassen sich ins Bockshorn jagen. Mir vermiest keiner den Herbst. Alle Zeit der Welt habe ich, um für die Eichhörnchen im Park ein Rezept für Nusskuchen zu komponieren. Nachts werde ich am Fenster stehen und die Sterne zählen. Jede Rose, die noch in Blüte steht, will ich persönlich grüßen, jeder Sonnenblume werde ich sagen, dass ich sie liebe, und jeder Baum im goldenen Galakleid des Oktobers soll mein Geheimnis erfahren. Nur weil ich die Gegenwart als einen Herzensfreund empfinde, kann ich es überhaupt mit der Zukunft aufnehmen.

Marmelade aus grünem Tee

Beim Friseur und in Arztpraxen bekommen wir die spannende Lektüre zu lesen, die wir sonst links liegen lassen, und das ist gut so. Nur wer ständig dazulernt, erreicht das Klassenziel des Lebens. Seit gestern weiß ich, dass bei Charles der Ehesegen schief hängt, weil Frau Camilla nicht von der Whiskeyflasche lassen will. Der holländische Thronfolger, der immer so aussieht, als ginge ihm nichts ans Herz als das Wohl seiner drei Töchter, soll sich ins Kindermädchen verguckt haben, und in Monacos Gerüchteküche kochen ständig drei Starköche.

Die Zeitungen der besonderen Art füttern indes nicht nur die Abteilung Romantik. Die menschenfreundlichsten Exemplare im Blätterwald halten uns ständig auf dem Laufenden mit Tipps und Tricks, um Alter, Krankheit und Tristesse ein Schnippchen zu schlagen. Bis zum Sankt-Nimmerleins-Tag wäre ich nicht auf die Idee gekommen, dass Schokolade mehr ist als eine süße Versuchung und ein passionierter Hüftkiller. Schokolade wird heute als Anti-Aging-Praline und gegen Falten eingesetzt. Obwohl die Praline, um die es hier geht, zuckerfrei ist, heißt es in dem Artikel, der mir eine total neue Welt eröffnete, sie löse ein Feuerwerk von Glück aus.

Menschen der durchschnittlichen Art haben Marmelade ja bisher immer nur aufs Brot geschmiert, vielleicht auch den Joghurt damit versüßt. Wird sie aber aus Tomaten und Grünem Tee gekocht, fällt sie in die Rubrik Beauty Food. Französische Apotheken verkaufen die aparte Mixtur als Schönheitsmittel. In Amerika gehen Anti-Falten-Kekse weg wie die sprichwörtlichen warmen Semmeln.

Auch bei uns, die wir uns lange Jahre an das Credo vom kalten Kaffee und dem Schlaf vor Mitternacht als Schönmacher hielten, erwacht die Lust aufs Außergewöhnliche. Es gibt bereits Apothekenschokolade in Pillendöschen, und eine Klosterbrauerei braut Anti-Aging-Bier. Sobald ich die ganze Palette der Sojapräparate und sämtliche Gesundheitswasser ausprobiert und alle notwendigen Enzyme und Vitamine intus habe, die aus einem betagten Menschen einen quicklebendigen Springinsfeld machen, beklage ich mich nie mehr, dass das Leben verdammt unübersichtlich geworden ist. Ich nehme an einem Philosophiekurs teil, suche tapfer nach dem Sinn des Lebens, laufe in fair gehandelten Schuhen durch Wald und Heide und rühre das ganz große Glück aus Sternenstaub und Augenwischerei.

Kind in einer Vollmondnacht

Mich wundert es nicht, dass mir die heutigen Kinder so viel schlauer vorkommen, als wir es waren. Die glücklichen Heutigen bekommen den Dummsatz der Altvorderen, dass man Kinder sehen, aber nicht hören sollte, nicht mehr zu hören. Fragen, in meiner Kindheit von den Respektspersonen als lästige Begleiterscheinung auf dem Weg zur Menschwerdung abgetan, werden von Eltern heute so ernsthaft beantwortet, als hinge von dem Wörtchen »Warum?« aus Kindermund das Glück der gesamten Familie ab. Mundhalten gilt nicht mehr als Kindertugend, von Minimenschen fordert nur noch der Nikolaus mit dem lächerlichen Drohgebaren von vorgestern Gehorsam und Fleiß.

Mich und meinen dreijährigen Großneffen Max trennen 75 Jahre. Er interessiert sich für Lampen, Staubsauger und Handys und findet Sachbücher spannend, die mich als Kind zu Tode gelangweilt hätten. Schon heute weiß er mehr von Sonne, Mond und Sternen als ich. Mir hat man noch weisgemacht, die Sonne würde weinen, wenn kleine Mädchen ihren Spinat nicht essen. Mein Mond hat Pfeife geraucht, traurige Sterne getröstet und die Kinder auf Erden bei Gott verpetzt, wenn sie ihr Abendgebet nicht sprechen wollten.

Max, der Knabe mit den schönen Glitzeraugen und den Schuhen, die leuchten wie die von Superman, wenn er aufstampft, erfuhr in einer Vollmondnacht, dass der Mond ein Begleiter der Erde ist, der nicht selbst leuchtet und der von der Sonne Licht abbekommt, um es weiterzugeben. Weil das staunende, alte Tantchen auch ihr Scherflein zu der Unterhaltung beitragen wollte, murmelte sie: »Der Mond ist aufgegangen.« Daraufhin sprach der junge Vater die vier Worte in sein brandneues iPhone, und schon konnten wir das berühmte Gedicht von Matthias Claudius auf dem Display lesen, während Mami mit schöner Stimme für die musikalische Umrahmung der nächtlichen Lehrstunde sorgte. Da muss ein Kind ja schlau werden!

Mir hat man noch geschworen, es sei möglich, sieben vom bösen Wolf gefressene Geißlein, Rotkäppchen und Großmutter unbeschadet aus dem Bauch des gefräßigen Untieres herauszuholen. Ich suchte jeden Morgen Feen, die in Glockenblumen logierten, und legte den Elfen zum Nachtmahl Brotkrümel hin. Von keinem dusseligen Erwachsenen hätte ich mir einreden lassen, dass die Erde rund ist. Dafür kannte ich mit sechs Jahren die Begriffe Emigration und Heimatlosigkeit; ich wusste, was Hitler tat und wie Mussolini aussah. Noch vor meinem siebten Geburtstag konnte ich das Wort Krieg in vier Sprachen sagen! Das alles galt damals nicht als ein Beweis, dass ich ein schlaues Kind war. Von Dingen zu wissen, die kein Kind je erfahren sollte, war der Fluch meiner Generation.

Prahler und was sie brauchen, um aufzufallen

Sympathische Leute leisten sich den Luxus, sich einfach auszudrücken. Etwa wie die Märchenerzähler zur Zeit der Brüder Grimm. Der Verzicht auf Übertreibung zeugt für den Grips der altmodischen Art. Menschen mit Sprachgefühl sagen, ich bin traurig, wenn sie es sind. Sie verschonen uns mit der Mitteilung, sie müssten ihre Trauer verarbeiten.

Zur Frankfurter Buchmesse sind Leute im Trend, die lesen und schreiben können, doch greifen sie stets nach dem guten Buch, denn nur das Verlangen nach Qualität adelt den Leser. Niveau braucht es zur Entspannung am Strand und unter der Kuscheldecke. Der Freizeitmensch muss wissen, dass nur das Spitzenprodukt derer würdig ist, die den Bildschirm kalt lassen und das Fenster ungeputzt. Wer ein gutes Buch liest (sagen wir Thomas Mann oder James Joyce), verkriecht sich nicht hinter Groschenblättern und Arztromanen. Vor so einem ziehen wir den Hut. Und erwähnen allenfalls im Nebensatz, dass wir selbst mit Hamlet zu Bett gehen und in schlaflosen Nächten zu Goethes Dichtung und Wahrheit greifen.

Es versteht sich, dass die Feinsinnigen auch nicht die erstbeste Weinflasche an den Hals setzen. Sie trinken einen guten Wein, schlürfen ein edles Tröpfchen.

Und haben sie doch mal Lust auf das einfache Leben, löffeln sie Kaviar zu ihren Linsen. Dazu ein Schluck Milch. Die gute Bauernmilch, versteht sich.

Ein Buh den Prahlern, die das glauben, was sie anderen vormachen. Ihnen entgeht viel. An erster Stelle das Vergnügen, an Tagen, da jeder Nerv Alarm trommelt und die Welt ein Scherbenhaufen ist, ein Buch ohne das Prädikat gut zu lesen. Bei mir stehen die Jungmädchenbücher Nesthäkchen und Trotzkopf in der literarischen Notapotheke, für bildungshungrige Momente Der kleine Lord. Private Recherchen haben ergeben, dass es Männer, auch die von Welt und Geist, zu Jerry Cotton zieht. Früher war es Karl May, aber der gilt heute doch als ein wenig schwer.

Wer mir weismacht, für ihn sei es das wahre Erdenglück, ein gutes Buch zu lesen, dem unterstelle ich, dass er allenfalls Kochrezepte oder Börsenkurse liest.

Die geschenkte Stunde

Es kommt ja so gut wie nie vor, dass abhandengekommene Schätze wieder zum Eigentümer zurückfinden. Einbrecher, Taschendiebe und Elstern, Naschkatzen und gänsehungrige Füchse können das bezeugen. Morgen aber, genau um drei Uhr in der Früh, bekommen wir alle die Stunde zurück, die uns die Zeitdiebe im März nahmen. Die Umstellung auf die Winterzeit will es so.

Das Lied ist alt und doch ewig neu. Ursprünglich dachten kluge Leute, durch Zeitanpassung ließe sich Energie sparen. Dann setzten ebenso kluge Leute dagegen, dass dem nicht so ist. Gefragt wird jedenfalls keiner, ob er lieber bei Dunkelheit aufsteht oder nachmittags bereits um fünf Uhr eine Kerze anzündet und sich als Romantiker tarnt. Weil wir jedoch freie Bürger sind und ein verbrieftes Recht auf eine eigene Meinung haben und uns außerdem die geschenkte Stunde beliebig gönnen dürfen, ist es des Nachdenkens wert, wie wir die 3600 Sekunden gestalten wollen, angenehm, individuell und originell, versteht sich.

Misanthropen haben es am leichtesten. Sie bringen jedes Jahr das gleiche Jammerstück auf die Lebensbühne und quengeln, ihr Biorhythmus wäre aus den Fugen geraten und ihre Nerven komplett aus dem Lot.

Wer nur über ein Quäntchen mehr Lebensfreude verfügt, macht sich indes klar, dass so eine Zusatzstunde ein Geschenk von allerhöchstem Wert ist. Mit 60 Minuten Extrazeit, die erst im März wieder zu retournieren sind, lässt sich gut wuchern. Beispielsweise kann man den Hund statt nur um den Block in den Wald führen, das Märchen von Hans im Glück lesen und sich Zeit zu einem Seufzer nehmen oder eine Tragödie schreiben, in der es um das Gefühlsleben von Lokomotivführern auf ICE-Zügen geht. Enorm befriedigend ist es, ein Kind anzulächeln, des Sommers letzte Rose zu grüßen oder sich ausnahmsweise mal zu entschuldigen, wenn man einen Menschen anrempelt.

Wem all das nicht mundet, dem bleibt die Möglichkeit, sich eine Stunde lang aufs Sofa zu legen und zu träumen, wir könnten, sobald der Teufel Hetze uns bedroht, vom Himmel jederzeit eine zusätzliche Stunde anfordern. Mit Sternenstaub garniert und nach Flieder duftend.

Ein schlechter Ruf bleibt ewig jung

Dieses Jahr schmückt er sich mit fremden Federn, er glänzt oktobergold und frühlingsgrün. An ganz gewöhnlichen Werktagen trägt er königsblaue Samtwesten und in der Nacht die feinste Sternenseide. Der November, seit Urzeiten als der Launenverderber mit der Schnupfennase verschrien und immer gut für Seelenkummer, hat sich anno 2010 keinen Deut darum geschert, was er seinem miesen Ruf schuldig ist.

Trug er sonst nicht vom ersten Tag an Trauerflor und weinte Nebeltränen? War er nicht stets ein Kerl zum Grausen? Die letzten bunten Blätter lehrte er das Fürchten, die Bäume ließ er nackt im Sturm und Regen stehen. Optimisten, Spaßmachern und Scherzkeksen hat er die Petersilie verhagelt, hat grinsend Lebensfreude eingeschmolzen und hohlwangig Trauerlieder gepfiffen. Nun ist alles anderes gekommen als erwartet. Wir stehen dumm im warmen Mantel herum, reißen uns den Schal vom Hals und trocknen die schweißnasse Stirn.

Schlauberger, die von Berufs wegen die Temperaturen von morgen mit denen von vorgestern vergleichen, wirken, als seien sie am Ende ihres meteorologischen Lateins. Ein Fernsehwetterfrosch, der sonst mit beneidenswerter Selbstsicherheit auf jedes Problem eine Antwort aus dem Ärmel schüttelt, hat vor ein paar Tagen mit Spötterzunge vom goldenen November gesprochen.

In anderen Worten: Der November ist auch nur ein Mensch, einer, dem man nicht trauen sollte, nur weil er sich eine kurze Zeit lammfromm und freundlich wie ein junges Kätzchen gegeben hat. Wer einen schlechten Ruf weg hat, ob als Spielverderber, Geizhals, falscher Fuffziger oder Politiker im Wendemantel, der entkräftet ihn sein Leben lang nicht. Frau Franziska, die in der zweiten Klasse ihre Schokodrops mit keinem teilte und bei Mathearbeiten selbst die ärmsten Säue nicht abschreiben ließ, bekommt das bei jedem Klassentreffen zu spüren. Wer einmal gelogen hat und sei es nur aus Not, wer je geprotzt, geklatscht, gelästert hat, dem verzeiht die Nachwelt nie. Selbst ein liebendes Mutterherz vergisst nicht, dass ihr Augapfel als Zwölfjähriger ihr Geld aus der Handtasche mopste.

Später sind es die Chefs und die Punktezähler in Flensburg, die für die klitzekleinste Verfehlung ein phänomenales Gedächtnis haben. Sorgsam führt auch die Gattin das Sündenregister ihres Mannes, seinerseits rechnet er ihr die Schuhe nach, die sie gekauft und wie oft sie ihm die Suppe versalzen hat. Davon leben Scheidungsanwälte, die Weltliteratur und Familienserien im Fernsehen. Auch der November wird sich treu bleiben. Wetten, dass der Meister der deprimierenden Zunft keinen einzigen Punkt aus seinem nebelgrauen, trauertrüben Repertoire gestrichen hat.

106

Erdbeeren mit Pfeffer und Bison
mit Tofu

Köche, die Erdbeeren mit Pfeffer anmachen und den Pichelsteiner Eintopf der gutbürgerlichen Tage mit Zitronengras würzen, gelten nicht mehr als kulinarische Rebellen. Noch nicht mal als Sonderlinge. In einem Beruf, in dem die Multikulti-Mischung auf dem Teller so selbstverständlich geworden ist wie das gut geschliffene Messer, mag keiner der Zunft als ein gewöhnlicher Kochmützenträger dastehen, der eine Scholle zum Brotschnitzel paniert, Rumpsteaks in Zwiebelsauce ertränkt und zu Hause seiner Brut heimlich Zucker und Zimt auf den Milchreis streut.

Gäbe es keine Köche, würden wir zwar auch nicht mehr auf den Bäumen hocken und Küchenrezepte mit den Affen austauschen, aber wir hätten nie gelernt, dass die Völlerei so wenig animierend ist wie Gleichungen mit zwei Unbekannten. Dank der Köche im Fernsehen wissen wir, worauf es beim ultimativen Genuss ankommt. Mit Engelsgeduld hämmern sie uns ein, dass nur die Bereitschaft, der Zunge fortwährend Unbekanntes zuzumuten, den Menschen zum Genießer macht. Nichts da mit Kartoffeln und Quark oder dem Spiegelei auf dem altmodischen Schnitzel Holstein. Gestattet bleibt es höchstens, von den Eiern in Senfsauce zu schwärmen, die Großmutter zum Erlebnis der Kindheit machte, oder von der Kartoffelsuppe mit dem doppelten Schuss Griebenschmalz, die es in der Kneipe an der Ecke gab, ehe aus ihr eine Pizzeria wurde. Noch sind Heuschrecken in Kochjus nicht in, aber anzudeuten, man würde derlei gern mal kosten, sichert jedem Tölpel einen Happen Aufmerksamkeit.

Es könnte allerdings sein, dass uns Durchschnittsmenschen gerade die Küche unserer Zeit verunsichert. Wer aß in Deutschland früher Strauß, Bison, Sushi oder Tofu mit Meeresalgen? Schon grüner Salat mit Entenleber war so undenkbar wie quadratische Teller. In Sachen Salat entdecke ich bei mir Regungen, die mir von der Veranlagung her absolut wesensfremd sind. Immer öfter treibt es mich, dem Mann am Herd ausrichten zu lassen, dass ich keine Kuh bin.

Scheidungen sind auch nicht mehr das, was sie waren

Die Welt wird immer schöner, und die Menschen werden edel und gut. Allerorten siegt die Vernunft. Ein wohltuendes Beispiel sind die Leute, die eine perfekte Ehe führten und die, wenn die Liebe verwelkt, uns die perfekte Trennung vorführen. Früher waren Scheidungen viel diffiziler. Vor Äonen, als ich noch genau wissen wollte, wie die Welt beschaffen ist, suchte ich Aufklärung in der väterlichen Anwaltspraxis. Dort studierte ich unbemerkt und verbotenerweise die Scheidungsakten. Stand auf einem Aktendeckel Meyer gegen Meyer oder Odenheim gegen Odenheim, gab es auf jeder Seite Zündstoff. Bis zur letzten Socke wurde schmutzige Wäsche gewaschen. Meine Lieblingslektüre war ein in die Akten gelangter Brief, geschrieben von einer Geliebten des die Scheidung begehrenden Ehemannes, eingereicht von seiner wütenden Gattin. Das Schreiben begann mit der Anrede »Meine geliebte Wärmflasche mit den süßen Henkelöhrchen« und endete mit der Unterschrift »Dein Wolleschaf«.

Heute sind die meisten Scheidungen so unromantisch wie Küchenkrepp. Selbst Madonna, von der man sich einiges versprach, trennte sich im Blitztempo von Mr. Guy, ohne dass mehr laut wurde als die Versicherung, man achte einander sehr und sei weiter um die

Kinder besorgt. Überhaupt geben uns die Verlautbarungen von Promis, die am Grab ihrer Liebe stehen, viel Anlass zu der Hoffnung, dass die Welt eines Tages doch von ihren Malaisen geheilt wird. Kaum ein Mann, der im Rampenlicht sein Brot verdient, und schon gar nicht die Klassefrauen leisten sich einen befreienden Rundumschlag. Nur ausnahmsweise tun sie kund, die ehemaligen Partner(innen) wären Stinkstiefel, und man wünsche sie dorthin, wo der Pfeffer wächst.

Jüngstes Beispiel ist die schöne Veronika Ferres, die man so glücklich wähnte wie Schneewittchen und ihr Prinz mit dem Glassarg. Frau Ferres und Gatte lassen uns nun wissen, sie gingen auseinander, aber ihre Freundschaft würde ewig währen. Ihrem Kind soll es an nichts mangeln. Wie das im Alltag funktioniert und ob die Kinder mit nur einem Elternteil wirklich mopsfidel und herzensfroh werden, erfährt man leider nie.

Schlaumeier geht zum Arzt

Es ist bequem, sich im Grippefall beim Arzt mit einem warmen Händedruck und dem Rat zufriedenzugeben, die Füße warm und den Kopf kühl zu halten. Allerdings wird heute von Patienten mehr Eigeninitiative erwartet. Kluge Leute weisen uns regelmäßig darauf hin, dass es nicht mehr zeitgemäß ist, sich mit Husten, Heiserkeit oder Verdauungsbeschwerden ins Wartezimmer zu setzen und den Dingen ihren Lauf zu lassen. Lieber sollte man schon in gesunden Tagen eruieren, wie der Doktor seiner Wahl zu benoten ist. Kann er eine Grippe so schnell kurieren wie der berühmte Doktor Ching mit den Akupunkturnadeln, oder empfiehlt er immer noch Lindenblütentee und Wadenwickel? Wird er unwirsch, wenn man ihm berichtet, man hätte sich seine Halsentzündung beim Dackel geholt? Soll man Ärzte, die Simulanten für Querulanten halten und dabei aus ihrem Herzen keine Mördergrube machen, weiterempfehlen oder nicht? Man sieht: Beim Ärztetest gibt es mehr Dinge zu beachten, als sich der große Hippokrates (der mit dem Eid) einst träumen ließ.

Merken wollen wir Schlaumeier uns, dass das Wartezimmer ebenso viel über einen Arzt und seine Persönlichkeit aussagt wie seine Titel und Ratschläge.

Kratzen zu seinen Füßen glückliche Hühner im Sand, dann praktiziert er wahrscheinlich in Afrika und wird uns bei einer Halsentzündung weder Brombeersaft noch Bettruhe vorschlagen. Liegen in einem Wartezimmer nur Magazine herum, die den deutschen Jäger interessieren, jagt Herr Doktor wahrscheinlich arme Häschen und ist außerdem zu geizig, einen Lesezirkel zu abonnieren. So einer geizt bei seinen Patienten bestimmt auch mit Mitgefühl. Wer Kranke auf harten Stühlen hocken lässt, ist ein Sadist. Dem ist zu wünschen, dass er bald zu sich selbst in die Praxis muss.

Ich ließ mich diese Woche gegen Grippe impfen. An der Wand eindrucksvolle moderne Kunst. Von einem grüßte ein Massai mit buntem Halsgeschmeide. Ich sehe ihn immer noch. Für Kinder gab es Stühle mit geschnitzten Tierköpfen. All dies ist nirgends zwingend vorgeschrieben, jedoch Augenschmaus und Herzensmedizin. Sie wirken Wunder. Na, sagen wir, kleine Wunder.

Ausflüge beim Kartoffelschälen

Ein goldener Käfer flog in die Küche. Sechs wohlge-
formte Beine, ein edler Kopf, ein schlanker Leib, alles
von Meisterhand ziseliert und der Beweis, dass es zwischen Himmel und Erde ganz andere Dinge gibt, um
die Phantasie zu beschäftigen, als dümmlich dreinbli-
ckende Kürbisköpfe und eklige Hexenmasken. Die
machen uns ja schon seit Wochen und Jahr für Jahr
aufs Neue weis, dass das amerikanische Spektakel Halloween in Wirklichkeit ein urdeutscher Volksbrauch
ist.

Mein Goldkäfer war eine internationale Erscheinung. Ich spürte spontan, dass es sich um einen ver-
wunschenen Prinzen handelte, der auf einen Erlö-
sungskuss wartete, um wieder ein Mann zu werden.
Solche Schlüsse ziehen Frauen jeder Altersklasse. Vor
allem beim Kartoffelschälen, das ja viel Freiraum zu
inspirierenden Gedanken lässt, kann es vorkommen,
dass eine Frau darangeht, sich eine andere Welt als die
tatsächliche zu erschaffen. Es wird hier um Nachsicht
für all jene gebeten, die nicht imstande sind, ihre Ju-
gendträume beizeiten zu begraben.

In Sachen verzauberter Prinz bin ich durchaus eine
Frau vom Fach, habe ich doch einen gewaltigen Teil
meiner Kindheit mit dem Küssen von Afrikas Fauna

verbracht. Angefangen hat es mit einer Gazelle, die ich für ein Reh hielt und von der ich hoffte, ein Kuss würde aus ihr einen Bruder machen. Danach waren es Katz und Hund, ein mutterloser Pavian, Kaulquappen und Frösche, ein Pferd sowie eine Dynastie von Rindviechern, Ziegen und Hühnern, aus denen ich per Kuss königliche Lebenspartner zu machen trachtete.

Zuweilen befällt mich immer noch die Kindersucht, das Leben von Grund auf umzukrempeln, aber am Ende siegen doch Vernunft und Lebenserfahrung. So verschloss ich mein Herz und öffnete stattdessen das Küchenfenster. Ungeküsst entließ ich den goldenen Käfer in die Freiheit. Für verzauberte Prinzen haben Frauen, die älter sind als 17, nicht mehr die rechte Verwendung. Es stört das Wissen, dass ein Prinz auch nur ein Mann ist, der morgens mürrisch und abends maulfaul ist, seine Wollsocken in die 60-Grad-Wäsche schmuggelt und lieber ungesundes Cholesterin futtert als gesunden Brokkoli.

Ihre Größe führen wir nicht!

Ab dem Zeitpunkt, da der Blick in den Spiegel kein Vergnügen mehr ist, sind einkaufende Frauen nicht vor mitleidigen Bekundungen junger Verkäuferinnen geschützt und schon gar nicht vor der vernichtenden Feststellung: »Ihre Größe führen wir nicht.« Solche Bemerkungen hinzunehmen und dabei das Beileidslächeln des Personals mit erhobenem Kopf zu erwidern, ist eine Sache von Erfahrung und Training. Tägliche Übungen in Selbstbewusstsein, die zu dem Ergebnis führen, dass auch die Jugend nicht ewig jung bleiben wird, tragen dazu bei, dass eine Frau ihre Garderobe nicht ausschließlich im Versandhandel bestellt. Die Männerwelt hat nach meinen Erfahrungen einen wesentlich schwereren Stand als wir Frauen. Verkäufer von feinem Zwirn und eleganter Abendgarderobe sind meistens in den allerbesten Jugendjahren, aber beklagenswerterweise selten mit den Grundregeln für Takt und feines Benehmen vertraut. Die garstigen Buben der verkaufenden Zunft sind gar herzlos und gemein. Einen Mann, der nicht die deutsche Normhöhe von 1,78 Meter hat, bezeichnen sie nach flüchtigen Schätzungen als untersetzt und führen ihn mit leicht angeekelter Miene in die Abteilung für Dickbäuchige. Für den Jüngling indes, dem noch alle Kaloriensünden bevorstehen und der ausschaut, als würde er nur Karotten mümmeln, produziert zuweilen selbst die bestgefüllte Herrenabteilung weder Hose noch Jackett.

Männer, die in einem Tweedjackett aufkreuzen, das wie der Hauptgewinn in einer Tombola auf einem schottischen Dorffest wirkt, werden so lange übersehen, bis sie freiwillig den Schauplatz ihrer Niederlage verlassen. In England hingegen kennzeichnet Kleidung mit deutlichen Gebrauchsspuren und von unmodischem Zuschnitt den wahren Gentleman. Ach, was täte es dem deutschen Mann gut, käme man hierzulande nur annähernd so weit, dass Verkäufer ihn so nehmen, wie er sich rund gegessen hat. Es ist roh, Meister X seinen Bauch vorzuwerfen oder Herrn Y darauf hinzuweisen, dass er hängende Schultern und zu wenig Hintern hat. Selbst den Opa in Jeans, der beim Anblick einer Nietenjacke wie ein verliebter Kater schnurrt, sollten die schönen, jungen Verkäufer mit der Idealfigur für voll nehmen. Vielleicht ist für die Generation, die erst morgen Bauch tragen und beleibte Männer so schätzen wird, wie einst Cäsar, eine altjüdische Weisheit von Nutzen: Was ein Mann schöner ist als ein Affe, ist immer ein Gewinn.

Die neudeutsche Gemütlichkeit

Wenn die Tage zum Grausen grau sind, reicht es nicht, die Seele in Watte zu packen. Kluge Leute geben sich ja nur mit dem Besten zufrieden und verlangen das permanente Verwöhnprogramm. Bei Winterkälte munden am besten schaumig geschlagene Kräutersüppchen, Edelfische in Liebe frittiert und Mousse aus Wolkenschaum und Traumfäden.

Die Seele ist noch anspruchsvoller. Reichten ihr lange Zeit ein paar Streicheleinheiten (über das Jahr verteilt), so muss heute mindestens dreimal in der Woche gekuschelt werden. Ursprünglich war Kuscheln eine Kommunikationsform zwischen Mutter und Baby oder allenfalls zwischen Frau und Katze, aber inzwischen erheben Menschen beiderlei Geschlechts Anspruch auf einen Zustand, der in Neudeutsch als seelische Wellness bezeichnet wird, beim althergebrachten Kuss beginnt und im Bestfall bei derzeit aktuellen Kuschelpartys endet. Dort wird unter anderem bewiesen, dass der Zweibeiner nicht dazu geschaffen ist, allein zu sein, beim Austausch von Zärtlichkeiten jedoch längst nicht so putzig aussieht wie eine Katze.

Das Wort Kuscheln spornt die Industrie zu entsprechenden Wortschöpfungen an. Die lassen vergessen, dass die Zeiten längst nicht so gemütlich sind, wie man uns weismacht. Jeder Waschlappen und jedes Gäste-handtuch haben heute kuschelweich zu sein. Ebenso Babydecken, Eisbären aus Plüsch und ein gestrickter Kaktus aus Angorawolle. Gerade kuschelig in sind Männer mit Bart, die wie eine Mischung aus Nikolaus und George Clooney aussehen. Man pflegt sie von al-ters her »Bärchen« zu nennen.

Kopf hoch und Brust raus sind Empfehlungen von gestern. Nur wer sich ständig um seine Seele bemüht und um Himmels willen nicht probiert, sie für schlechte Zeiten abzuhärten, erreicht das Klassenziel der neuen Gemütlichkeitsgesellschaft. Für das Ab-schlusszeugnis mit Prädikatsnote kommt es auf die richtige Mischung an. Mit Salatfutter vom Biohof, ei-nem Weichspüler für die Seele und ein paar Sternchen auf der Weste sind selbst Menschen wie du und ich was Besonderes und werden in Geschäften vom Personal mit einem jubelnden guten Morgen bedacht.

Nikolaus in der Lebenskrise

Freien Himmelsflug für den Freund mit Rauschebart, der so schön lachen kann, als wäre es optimal um die Welt bestellt. In Frankfurt und Umgebung kommt der Nikolaus in der Nacht vom 5. auf den 6. Dezember. Anderswo lässt er sich einen Tag länger Zeit mit seinen Gaben. Es ist hoch zu schätzen, dass der übergewichtige Menschenfreund nicht vor den Ungereimtheiten der modernen Welt kapituliert und trübsinnig wird.

Weshalb soll er denn Kinder bescheren, die nicht mehr an ihn glauben? Auch deren Eltern lassen unangenehm oft wissen, dass die Zeit der Vorfreude ihnen Taille und Laune verdirbt. Sie klagen über Stress und Verdruss. Geschenke finden sie überholt und den Nikolaus keinen Mann fürs Herz. Früher war das anders. Spätestens ab Juni konnte man ungehorsamen Buben und widerborstigen Töchtern drohen, der Nikolaus würde sie mit seiner Rute zur Räson bringen oder sie in seinen Sack stecken. Auf immer und ewig. Solche Schauergeschichten glaubt heute kein Kind mehr; eher wendet es sich nach Drohungen seitens der Erziehungsberechtigten ans städtische Sorgentelefon oder den Kinderschutzbund. Ruten wurden von aufgeklärten Pädagogen missbilligt, das Ängstigen von Kindern streng geahndet. Wen wundert es da noch, dass die cleveren Kids von heute, die in der virtuellen Welt sofort losballern, wenn ihnen etwas nicht passt, nicht jubeln, wenn Nikolaus ihnen einen rotbackigen Apfel hinhält? Strahlende Augen sind von gestern. Liz will kein Püppchen, sondern einen Computer, schon ein Fünfjähriger bezweifelt, dass Nikolaus es schafft, alle Kinder dieser Welt an einem einzigen Abend zu beschenken. Weshalb reist er denn immer noch mit Rentier und Schlitten statt im Ferrari, und wozu das ganze Theater, wenn man doch allerorten einen Nikolaus mieten kann?

Das Recht der Jugend auf unbequeme Fragen und die Pflicht der Eltern, Rede und Antwort zu stehen, sind im Grundgesetz festgelegt. Nikolaus, von Hause ein heiliger Mann, der Kinder liebt und Erwachsene auch für Menschen hält, hat das Nachsehen. Will er die Weihnachtszeit Jahr für Jahr unversehrt überstehen, braucht er einen Panzer für seine Seele. Und einen verständnisvollen Psychiater. Der klopft dem verunsicherten Pfundskerl auf die Schulter und macht ihm allabendlich klar, dass wenigstens die Alten, die früher brav ihre Gedichte aufsagten, wenn er polternd in der Diele stand, immer noch an ihn glauben.

Der Winter und die Wirklichkeit

Wo sind die Nervensägen hin, die in früheren Jahren so bildhaft den Wintern ihrer Kindheit nachtrauerten? Mit roten Apfelbäckchen stapften sie durch den deutschen Wald, sangen frohe Lieder und rasten mit dem Schlitten ins ewige Winterglück. Nun hatten wir in den letzten Jahren meistens grüne Weihnachten und vorwitzige Schneeglöckchen, die schon im Januar den Frühling einläuten wollten. Da beklagte das große Heer der immer Unzufriedenen aus einem Mund, dass der Himmel die Deutschen um sein Recht auf eine ordentliche, knackige Eiszeit betrüge. Nichts war es mit zugefrorenen Weihern, auf denen Raben Schlittschuh liefen. Aus den Wolken tropfte monatelang nur Wintergrau, der Punsch schmecke nicht, und am Kaminfeuer erzählte keiner mehr die alten Heldenmärchen.

Es steht zu vermuten, dass Petrus das Dauergejammer nicht ausgehalten hat, denn dieses Jahr hat er uns endlich das Wetter geschickt, um das wackere Winterfans so lange gewinselt haben. Sind sie nun zufrieden und bewerfen einander schon morgens um sieben mit Schneebällen und Lebenslust? Diesbezügliche Berichte sind ausgeblieben. Um es zeitgemäß auszudrücken: Wir sind nicht mehr auf den Umgang mit Kälte programmiert. Vor allem in den meist sehr gut gewärmten Ecken unserer Heimat – nehmen wir das Rhein-Main-Gebiet – stöhnt der Mensch und jammert zum Erbarmen. Der Winter entspricht nur in Ausnahmefällen den romantischen Vorstellungen von rotbäckigen Glühweintrinkern in gemütlichen Wirtshausstuben. In der Stadt freuen sich noch nicht einmal Hunde an frischer Luft und dickem Fell. Missvergnügt kriechen sie auf mit Salz bestreuten Bürgersteigen hinter fröstelnden Bezugspersonen her und lassen wissen, dass selbst feine Möpse und schlaue Pinscher nicht davor gefeit sind, auf den Hund zu kommen.

Seitdem wir nicht mehr auf der Ofenbank sitzen, und seitdem wir Tütensuppen mit Knuspercroutons löffeln statt Omis Linsensuppe, sind uns in Sachen Winter die Augen aufgegangen. Verschneite Wälder, Bergkuppen mit Hauben aus Glitzerschnee und beleibte Schneemänner überzeugen besser auf Kalendern und in Reiseprospekten als in Wirklichkeit. Winter in der Stadt und auf der Straße bedeutet Autofahrer im Stau, Vokabeln wie Eisregen und Glatteis, erschöpfte Batterien und zugefrorenes Gemüt. Und vergessen wollen wir nicht die Radiosprecher, die den Schneid haben zu sagen: Wir wünschen Ihnen eine gute Fahrt.

Immer wird nur der beschenkt, der schon hat

Wir haben uns alle untereinander mit artigen Kleinigkeiten und artigen Versen beschenkt. Diese inspirierende Idee stammt von Caroline Schlegel, 1763 geboren, nur 46 Jahre alt geworden, einer der originellsten und klügsten Frauen ihrer Zeit. Sie hat mehr erlebt, als den meisten Leuten einfällt.

Von hübschen Kleinigkeiten, die den Gabenbringer als einen liebenswerten Menschen auszeichnen, der genau weiß, worauf es beim Schenken ankommt, träumen viele. Allerdings geistern solche Träume ausschließlich durch die Köpfe von Menschen, die im Wohlstand leben. Die sorgen sich ebenso um den Prosecco für ihre Gäste wie um das Befinden der Welt. Echte Menschenfreunde sind leicht auszumachen. Auch wenn sie der Magen nach der Weihnachtsgans drückt, vergessen sie nicht, nach Brot für die Welt zu rufen. Ob sie wirklich mopsfroh mit Kleinigkeiten sind? Glauben sie wenigstens im Glanz des Lichterbaums, dass der Mensch edel und gut und der beste Teil der Schöpfung ist? Schließlich kommt keiner von uns an der Erkenntnis vorbei, dass auf Gerechtigkeit nicht mehr Verlass ist als auf die Bundesbahn im Schnee. Selbst Kinder wittern beizeiten, dass immer nur dem geschenkt wird, der schon hat. Nur im Märchen werden aus bettelarmen, elenden Geschöpfen, die sich noch nicht einmal den klitzekleinsten Traum leisten können und die jeden Herrschaftshund jammern, jubelnde Glückskinder mit warmen Füßen und Sternen auf der Weste. Und Goldesel haben sie, die nie an Verstopfung leiden.

Schade, dass es so schwer geworden ist, die Freude an den kleinen Dingen zu erhalten. Wer will schon, wie es der Dichter Ringelnatz vorschlug, eine Kachel aus dem Ofen der Liebsten? Wer freut sich noch über Apfel, Nuss und Mandelkern? Früher lagen sie auf jedem bunten Teller und wurden in rührenden Gedichten besungen. Heute werden sie als Blombenzieher und Dickmacher verschmäht. Nur ganz wohlerzogene Kinder legen ihren Technokram aus der Hand, wenn Tantchen oder ein besserwisserischer Opi den Schneid haben, mit einem Malbuch anzurücken. Oder – schlimmer noch! – mit einem Schal. Das Dilemma ist uralt. Lange trug ich meiner Mutter nach, dass sie mir warme Unterwäsche statt den Lippenstift schenkte, den ich so dringend brauchte, um am deutschen Fräuleinwunder teilzunehmen. Heute sehe ich durchaus ein, dass rote Lippen einer blau gefrorenen Frau einen feuchten Kehricht nützen. So ist das mit den Geschenken. Für manche braucht es Ewigkeiten, ehe man sie schätzen lernt.

Schenken ist ein Wort mit Stacheln

Wenn jeder von uns nur ein Lächeln verschenken würde und dazu ein Quäntchen seiner Zeit, wäre es bestimmt so gut um Mensch und Maus bestellt wie früher im Paradies. Da fraß kein Löwe ein Reh, keine Katze einen Vogel, und Eva nörgelte nicht mit Adam, weil er beim Abwaschen immer Fettränder in den Töpfen ließ. Friede auf Erden war kein leerer Wahn.

Friedfertigkeit und Frohsinn sind leider außer Mode. Wer sich selbst ernst nimmt, den lächelt nur die Mona Lisa an. Mit unserer Zeit geizen wir, als wäre sie aus Gold. Und wer weiß, ob Herzen noch auf die Dauer verschenkt werden. Das Wort Schenken ist im deutschen Sprachgebrauch ohnehin mit Dornen gespickt. Geschenkt sagen wir mit wegwerfender Handbewegung, wenn wir nicht hören mögen, was der Gesprächspartner uns mitzuteilen hat. Leute, die sich selbst nichts schenken, treiben sich an, dass es Ochs und Esel jammert. Gastwirte schenken ein und auch aus, aber mit Menschenfreundlichkeit hat das wenig zu tun.

Geschenke kommen wahrlich nicht immer von Herzen. Homer setzt uns da ins Bild. Die Griechen stellten den Trojanern ein hohes hölzernes Pferd vors Stadttor gefüllt mit Feinden, die bis zu den Zähnen bewaffnet waren und die die Schlacht für sich entschieden. Danaergeschenke von solch weittragender Bedeutung sind selten geworden. Übergroße Holzpferde würden in unserer misstrauischen Zeit Argwohn erwecken und abgeschleppt werden, ehe sie ihre unheilvolle Wirkung entfalten könnten. Das Danaergeschenk an sich gibt es noch immer. Wer einen Vierjährigen mit einer Trommel beschenkt, eine Diabetikerin mit Vanillekipfeln oder einen 18-Jährigen mit einem Ferrari, könnte bei den antiken Griechen (den Danaern) reüssieren.

Die meisten der schönen klugen Sprüche über das Schenken erziehen nicht mehr zur Herzlichkeit der alten Schule. Welcher Mann ist noch in der Lage, wie vom Dichter Joachim Ringelnatz empfohlen, der Liebsten ohne Bedenken eine Kachel aus seinem Ofen zu schenken? Vielleicht glauben die Heutigen noch nicht einmal mehr, dass kleine Geschenke die Freundschaft erhalten. Vielleicht höre ich deshalb, dass immer mehr Leute beschlossen haben, sich dieses Jahr gar nichts zu schenken. Man ahnt, dass sich die Vernunftgelenkten vor dem Spiegel stolz auf die Schulter klopfen. Bestimmt imponieren sie auch ihrem Hund und wähnen, sie hätten endlich den Schlüssel zum wahren Glück gefunden. Geld und Kräfte sparen sie allemal. Nur weshalb drängeln sich in dieser Tagen so viele Leute mit verbissenem Gesicht in den Geschäften? Gefährlich sind sie bestimmt nicht. Vielleicht versuchen sie nur, ein kleines Lächeln und ein Tütchen Freude zum Sonderpreis zu ergattern.

Sind Puppenwagen aus der Mode gekommen?

Die Bilder sind nach Jahrzehnten so frisch wie in den frühen Fünfzigern. Da lagen wieder Puppen und Autos und Lokomotiven und Malstifte unter den Weihnachtsbäumen und nicht mehr ein Päckchen Maisgrieß, ein Schrumpfapfel oder im Bestfall weiße Kniestrümpfe aus dem kratzigen Garn von Zuckersäcken gestrickt.

Die Menschen hatten wieder ein Leben jenseits von Not und Angst. Auch die Kinder. Gerade sie! Am zweiten Weihnachtstag und am Tag danach führte die junge Generation ihre Schätze aus. Mädchen schoben neue Puppenwagen, die Begüterten hatten nagelneue Puppenkinder. Zopffräuleins, die nicht zur Elite zählten, bemutterten abgeknutschte Teddys oder Puppenjungen, die einen Arm oder ein Auge im Krieg gelassen hatten. Und die Puppen hießen Anna und Trude und Hans, nicht Carmen, Minka oder Dennis.

Die Buben fuhren mit neuen Dreirädern und Rollern vor. Auch da gab es den garstigen Graben zwischen Arm und Reich. Holz war das Material der Bescheidenen. Chrom zierte die Fahrzeuge der Wohlhabenden, die Glücklichsten hatten Tretroller mit Ballonstreifen und eine Fahrradklingel am Lenker. Nicht zu vergessen, wenn Schnee lag (wovon es früher mehr als heute gab und fast immer zu Weihnachten), die neuen Schlitten. Kleine krähende Zwerge wurden von älteren, gutmütigen Geschwistern durch die Anlage gezogen. Dass dies alles wahr ist, nehme ich auf meinen Eid. Die Idylle genoss ich vom Wohnzimmerfenster aus. Sozusagen als Zeitzeuge. Das Wort kannte man in den Fünfzigern noch nicht. Deutsche Normalverbraucher legten damals Wert darauf, nichts gesehen zu haben und nichts bezeugen zu können.

Schaue ich heute zum Fenster heraus, hockt eine Krähe auf den blattlosen Bäumen vor dem Haus und bejammert die Ernährungslage, und auf den Bänken, auf denen früher den Puppenkindern die Windeln gewechselt wurden, lallt höchstens ein Betrunkener, der sich bis Silvester rundum verkühlt haben wird. Wo aber sind die stolzen Puppenmütter abgeblieben, wo die Buben auf Rädern?

Sie sitzen zu Hause und glotzen fern und halten das, was sie hören und sehen, für das wahre Leben. Oder sie lassen ihre kleinen, geschickten Finger über das Keyboard vom Computer flitzen und tauchen in Regionen ab, in denen die Eltern ihnen nicht folgen können. Von Oma und Opa ganz zu schweigen. Aus Plüschhunden und Stoffkätzchen wurden Kuscheltiere, die auf dem Bett sitzen oder im Regal hocken und nicht ausgefahren werden. Ihre kleinen Besitzer tun mir leid. Sie werden nie erfahren, was Kindheit einst bedeutet hat. Wie gut, dass die Computer in dieser Beziehung schweigsam wie Gentlemen sind. Schließlich sind Sehnsüchte quälender als Pommes ohne Majo.

Pro Minute ein Meineid

Noch wirkt das neue Jahr, als könnte es nicht bis drei zählen. Wahrscheinlich glaubt es noch an den Weihnachtsmann, und weil es sich mit der Welt nicht auskennt, stopft der Unschuldsengel seine halb gegessenen Schulbrote in die Briefkästen und heult im Kino, wenn Romeo seine Julia nicht kriegt. Mit Bewunderung ist allerdings zu vermerken, dass 2011 auf die Sekunde pünktlich und in makellosem Zustand eingetroffen ist. Genau wie versprochen. In einer Welt, in der die meisten Versprechen zu Lippenbekenntnissen verkommen, ist ein solches Geschäftsgebahren außergewöhnlich. Rechnen wir also weiterhin mit den uns zugesagten 365 Tagen im Jahr, und gehen wir davon aus, dass der Heiligabend 2011 auf den 24. Dezember fallen wird.

Offenbar ändert sich nicht allzu viel zwischen Himmel und Erde. Deswegen erscheint mir der große Bahnhof für das neue Jahr ein wenig übertrieben. Wir klatschen ja auch nicht jeden Morgen Beifall, weil die Sonne aufgeht. Die wenigsten von uns lassen sich indes vom Glauben abbringen, dass es eine besondere Bewandtnis mit der Jahreswende hat. Deshalb allerorten das Silvesterfeuerwerk, um böse Geister zu vertreiben, und vierblättriger Klee in Töpfchen, damit auch bei Familie jedermann das Glück an der Haustür klopft. Wir haben Fortuna zugeprostet und uns selbst und dem Nachbarn auf die Schulter geklopft. Um diese Jahreszeit sind wir so fröhlich, zugänglich, sympathisch und liebenswert wie sonst nie. Wir sagen artige Dinge und fassen erstaunliche Vorsätze, und es schert uns keinen Deut, dass wir dabei schamlos übertreiben und pro Minute einen Meineid schwören. Wir wollen nicht mehr naschen, das Rauchen aufgeben, als Fußgänger keine Radfahrer verteufeln und als Radfahrer die Fußgänger wie Menschen behandeln. Wir wollen andere lieben wie uns selbst, edel wollen wir sein und gut, und wir werden uns mit einem Lakritzebonbon genauso freuen wie über einen Sechser im Lotto, denn nur der Genügsame bringt es weit im Leben. Auf keinen Fall wollen wir der perfekten Welt, die wir geschaffen haben, unterstellen, dass sie langweilig und bieder und nicht zum Aushalten ist. Der perfekte Mensch kritisiert nicht. Er sagt zu allem Ja. Allenfalls darf er Ausschau nach den Weisen und Lebenserfahrenen halten, die fest entschlossen sind, im neuen Jahr so zu bleiben, wie sie immer waren. Lebenskünstler und Genießer sind das. Sie lassen sich nicht von guten Vorsätzen gängeln, essen und trinken, bis sie satt und selig sind, kraulen ihre Katze, statt zu joggen, schauen zufrieden in den Spiegel und machen der Fliege an der Wand romantische Komplimente. Natürlich gibt es solche glückliche Menschen zuhauf. Nur wo trifft man sie?

Schnäppchen am laufenden Band

Wenn ich Bilanz ziehe, komme ich zum Ergebnis, dass es sich nicht gelohnt hat, das Jahr 2011 fürstlich zu empfangen. Wozu das Feuerwerk, der Schornsteinfeger aus Pappe und die Luftschlange um Lampe und Herz, wenn Schnee vom Himmel fällt, die Wetterverkünder allmorgendlich mit Glatteis und Migräne drohen und das Gemüt nicht an das Gute im Leben glauben mag? Der Mond, noch zu Silvester ein Wonnekloß, ist abgemagert, jede Frauenzeitschrift empfiehlt uns das Gleiche, und in der ersten Lottoziehung des Jahres kam für mich, wie üblich, nur Lehrgeld heraus. Der Wasserhahn tropft, der Abfluss in der Küche hat Verstopfung, der Kuckuck in der Uhr ist heiser, die Christrosen sind verblüht, Neurosen gibt es im Doppelpack.

Lediglich zwei aus vollem Herzen fröhliche Menschen habe ich in diesem Jahr getroffen. Der eine war ein Schäferhund von geschätzten sechs Monaten. Er kratzte im Schnee herum und posaunte in die Welt hinaus, dass Fleischwurst unter Bäumen wächst. Der zweite Lebenskünstler, der nicht glauben will, dass der Mensch sein Brot mit Tränen zu essen hat, ist mein Großneffe Max. Fast zweieinhalb Jahre alt ist er und, wie man heute so feinsinnig sagt, total gut drauf. Der

Strahleknabe brachte mir ein selbst gemaltes Bild unverkennbar von Marc Chagall inspiriert und putziger Beweis, dass Kunst und Kind füreinander geschaffen sind.

Nun trifft man in der Großstadt viel zu selten junge Schäferhunde, und nicht jeder hat das Glück, sein Leben mit Kinderunschuld zu teilen, doch die Geschäftswelt lässt keinen verzweifeln. Tag für Tag füttert sie uns mit Sonderangeboten und zwingt uns so zu geistiger Betätigung. Wir haben dann zu entscheiden, ob uns ein Blumenkohl von gestern munden wird, ob wir eine neue Auflaufform brauchen oder einen nur einmal gebrauchten Schlitten (Rentier, Zipfelmütze und Bart sind Verhandlungssache).

Früher wurden nicht unmittelbar nach Weihnachten frische Attacken auf Geldbörse und Sparschwein geritten. Es gab den Winterausverkauf mit soliden Ladenhütern, und irgendwann konnte die tüchtige Hausfrau ihre zerschlissene Haushaltswäsche durch neue ersetzen. Und damit basta! Heute haben wir Schnäppchen am laufenden Band. Angeboten an einem einzigen Tag wurden mir Kochtöpfe jeder Größe, ein Kaffeeservice aus 20 Teilen, das sich um 40 Euro verbilligt hatte, eine um 400 Euro heruntergesetzte Kücheneinrichtung und Hühnerfrikassee Gärtnerin-Art zu 2,90. Das muss allerdings in den Geschäftsräumen der Firma gegessen werden. Selbst starke Supermenschen müssen da butterweich werden und auf die Idee verfallen, dass Gelegenheitskäufe nichts kosten.

Moselfahrt mit Hund

Noch sieht alles grau aus. Der Winter fährt Schlittschuh mit unserer Laune, die Nase schnieft, der Hals
kratzt, und allerorten haben die Wolken Blasenschwä-
che. Für die Reisebranche, immer tätig und immer bereit zum Sprung in fremder Leute Urlaubsglück, ist das
kein Grund, Trübsal zu blasen. Etliche Leute, die ich
nicht kenne und die mich nicht kennen, haben sich
das Ziel gesetzt, gleichzeitig meinen Horizont zu er-
weitern und mein Bankkonto einzuschmelzen. Derzeit landen in meinem Briefkasten gar staunenswerte
Reiseangebote. Erwecken sie Wanderlust, Wagemut,
Fernweh? Wenn's nur das wäre, könnte ich noch munter in die Zukunft schauen, doch jeder Prospekt entlarvt die bisherigen Reisen und Unternehmungen meines Lebens als uninspirierte, spießige Kaffeefahrten.
London, New York, Nairobi, der Suezkanal und die
Serengeti, die geliebten Dolomiten und das Schloss
Schönbrunn in Wien, war das alles nichts? Wer hat
schon wie ich mit dem Ungeheuer von Loch Ness
einen Whisky getrunken? Das war am 35. Mai anno
Suppe in einer stockdunklen Vollmondnacht. Die Palmen blühten und Nessie hatte Eiszapfen an der Nase.
Wenn ich der Verlockung der Reisebranche nachgebe,
sollte ich mir dieses Jahr einen persönlichen Butler in

einem Luxushotel in Dubai leisten. In Botswana geht der Tourist nicht nur auf Tuchfühlung mit Elefanten, Büffeln und Löwen (kann jeder Hans und jede Grete, wenn sie das Jahr über den Gürtel eng genug schnallen). Feine Leute übernachten im Luxuszelt mit Antiquitäten im Kolonialstil. Oder sie verbringen den Sommer auf einer Jacht, auf der die Wasserhähne goldene Schwäne sind. Am stärksten trommelt mein Herz für ein Hotel in den schottischen Highlands, gebaut im Stil eines französischen Landschlosses und mit wirklich standesgemäßen Freizeitangeboten – Golf, Reiten, Gun-Dog-Jagd (jagt man da Hunde oder jagen die Hunde arme Häschen?) und Falknerei.

Da ich bisher kaum Kontakt zu Falken hatte, wäre das schottische Intermezzo bestimmt interessant, schon weil es für mich die letzte Chance ist, einen Scheich persönlich kennen zu lernen. Vielleicht will der seinem Hund was Exklusives gönnen. Da hätte ich einen Tipp. Es gibt neuerdings gemeinsame Flusskreuzfahrten auf Rhein und Mosel für Hund, Frauchen und Herrchen. Stubenreinheit und gutes Sozialverhalten sind Bedingung. Das finde ich allerdings zu hart. Die meisten Menschen sind ja stubenrein, doch gutes Sozialverhalten lernen sie nie.

Hund, Katz und Maus sind alle Stars

In einer der regenbogenbunten Zeitungen, die man angeblich nur beim Friseur liest, ist mir der Begriff Star-Philosoph begegnet. Die Mutmaßung, es wäre von Sokrates oder Platon die Rede, erwies sich als grundfalsch. Der Star-Philosoph plapperte in einem Interview so viel Unsinn, dass mir ausschließlich sein silbergrauer Lockenschopf auffiel.

Er beschäftigt mich nur deshalb, weil er wieder mal Anlass zum Grübeln über ein Zeitphänomen gibt. Ohne den Zusatz Star vor der Berufsbezeichnung ist ein Promi heutzutage nämlich keinen Pfifferling wert. Übrigens: Beim Pfifferling handelt es sich um einen Star-Pilz.

Noch in meiner Jugend war ein Star ein Vogel wie Amsel und Drossel. Auf medizinischem Gebiet ist der Star (entweder grün oder grau) eine Augenkrankheit. Als Filmstars wurden ursprünglich nur die Großen der Branche bezeichnet, beispielsweise Marlene Dietrich oder Clark Gable. Ein durchsichtiges Kleid oder ein gerissener Büstenhalter reichten mitnichten. Von Theaterstars war nie die Rede. Gustaf Gründgens hätte sich derlei Unsinn verbeten. Auch Max Reinhardt oder später Billy Wilder galten nicht als Star-Regisseure, obgleich sie es bestimmt waren. Kinder, die früher ihr Brot beim Film verdienten, waren arme Würmer, keine Kinderstars.

Juristen wurden nicht als Star-Anwälte gefeiert. Ärzte begnügten sich mit dem Titel Doktor, im Bestfall Professor. Sogar der berühmte Sauerbruch war kein Star-Chirurg. Star-Friseur ist eine Wortschöpfung unserer Zeit. Einst schnitten Friseure Haare und legten Locken, ohne dass die Gesellschaft sie deshalb feierte.

Köche rührten ohne Titel und vor allem, ohne dass Fernsehkameras dabei waren, in ihren Töpfen. Von Star-Politikern ist gleichfalls nichts bekannt, auch wenn sie Bismarck hießen. Oder Churchill. Mars und Venus strahlten seit Ewigkeiten am Himmel, aber zum Status Star-Planet haben sie es nicht gebracht.

Doch denke keiner, dass der Mensch ohne Schweiß ein Star wird. Derzeit baden mal wieder einige der Gattung in stinkenden Fischresten und essen lebende Würmer. Siehe die Ekel erregende Fernsehsendung Ich bin ein Star, holt mich hier raus. Es gibt auch einen Star-Hund. Barack Obama (Star-Präsident im Land der Sterne und Streifen) hat für seine Töchter und zum Vergnügen aller Hundefreunde First Dog Bo ins Weiße Haus geholt.

Nur nicht über den eigenen Tellerrand schauen …

Aus dem schönen Buch *Mit Goethe reisen*, zusammengestellt von Arnd Rühle, erfuhr ich, dass der berühmteste Frankfurter zu seinen Lebzeiten (1749–1832) 40 000 Kilometer zurückgelegt hat. Das ist exakt einmal um die Erde.

Als ich diese Leistung in größerer Runde bestaunte, fügte ich hinzu, damals wäre halt Verlass auf die Deutsche Bahn gewesen. Es lachte ein jeder, nur nicht die zwei jungen Leute von der Generation Cool. Die interessiert sich ja nicht für das Leben jenseits ihres Kleinhorizonts und schon gar nicht für die Welt, wie sie einmal war.

Dass zur Goethezeit die Lokomotiven erst anfingen, das Dampfen zu lernen, bedeutet der PC-Jugend ebenso wenig wie das Trojanische Pferd oder das Ross, auf dem Alexander der Große in die Schlacht ritt. Die meisten jungen Leute finden die Welt von gestern so öde wie ein Stück Kreide. Da kann sich Urgroßmütterlein die Zunge trocken reden, sie wird ihre Enkel nicht mit Geschichten von Spinnrad, Webrahmen und Nähmaschine aus ihrer Lethargie wachrütteln. Und auch der Zehn-Kilometer-Schulweg, den Uropa früher barfuß zurücklegte und nur mit einem Brotkanten als Tagesverpflegung, interessiert die smarten Jungen von heute nicht. Diejenigen, die in sind, lassen uns das jeder Zeit wissen.

Wenn sich die Jugend mit fremden Welten beschäftigt, dann ist es nicht eine, in der Männer Torf stechen und Frauen sich nach Falläpfeln bücken. Gereifte und ergraute Menschen müssen sich an den Umstand gewöhnen, dass die junge Generation es nicht mit der realen Vergangenheit hält, sondern mit der Zukunft aus der Maschine. Die steht 24 Stunden am Tag offen. Knopfdruck genügt, und schon hat man den ganzen virtuellen Salat im Visier. Und einen leeren Kopf.

Ist das nun gut oder schlecht, beneidenswert oder bemitleidenswert, Segen oder Fluch? Jeder kann da nur aus eigener Erfahrung mitreden. Wochen, nein, Monate habe ich damit verbracht, meinem Hund das Sprechen beizubringen, mich in das Leben der Steinzeitmenschen einzufühlen, indem ich versuchte, die Löcher in meinen Strümpfen mit einem Dorn zu stopfen und ein Maisfeld mit zwei Feuersteinen anzuzünden.

Dass nichts von alledem gelang, reicht mir als Erklärung, weshalb meine Generation zu Frust und Selbstzweifel neigt. Den heutigen Jungen bleiben solche entmutigenden Erfahrungen freilich erspart. Sie verplempern ja ihre Zeit nicht mit dem Blick über den eigenen Tellerrand.

Ein Klecks Marmelade ist zu wenig

Es sind nicht immer die weltpolitischen Entscheidungen, die augenfällig machen, dass die Welt ständig in Bewegung ist. Auch klitzekleine Nebensächlichkeiten zeigen uns, wie sehr sich die Zeit verändert. Selbst ein Kreppel ist nicht mehr das, was er war. Einst pflegte er zwischen Aschermittwoch und Silvester von der Bildfläche zu verschwinden. Heute gibt es ihn das ganze Jahr. Wahrscheinlich braucht er solche Dauerpräsenz für sein Selbstwertgefühl.

In Frankfurt nennt man Kreppel neuerdings auch Kräppel. Das macht die Rechtschreibreform. In Berlin wird der Wonneproppen als Pfannkuchen bezeichnet; anderenorts ist er ein Berliner Pfannkuchen oder nur ein Berliner. In Franken, Österreich und Südtirol kommen Krapfen aus dem Backofen; in Slowenien heißen sie Trojaner Krapfen.

Es sind aber nicht die verschiedenartigen Bezeichnungen, die den Kreppelfreund beschäftigen. Er weiß ja seit dem Turm von Babel, dass Menschen sprachlich nicht miteinander harmonieren, und so kann er mühelos nachvollziehen, dass ein Bäcker in Boston nicht so spricht wie einer in Braunlage. Was am meisten erstaunt, ist der Umstand, dass Kreppel heute auf dem großen Auftritt bestehen. Die der ersten Generation wurden mit einem Klecks Marmelade gefüllt, doch belässt es ein Kreppel mit Charisma nicht mehr bei Pflaumenmus oder Aprikosenkonfitüre. Er wird mit Vanillecreme gestopft und außen mit Schokolade überzogen statt mit Zucker bestreut. Weißer Guss ist in, Bescheidenheit out. Tiramisu stand jüngst an einem Hefeballen, dem ich die kalte Schulter zeigte. Der wusste bestimmt nichts von dem Berliner Zuckerbäcker, der die ersten Pfannkuchen zustande gebracht haben soll. Er war Kanonier unter Friedrich dem Großen und erwies sich als wehruntauglich. Um seinen Kummer zu bekämpfen, formte er aus Hefeteig Kanonenkugeln. Der Berliner Pfannkuchen war geboren.

Natürlich hat niemand mehr die Kraft, sich für den echten deutschen Kreppel einzusetzen. Und wo kämen wir hin, wenn sich die klugen Leute in Straßburg und Brüssel um Kreppel statt Bier kümmerten? Bis Silvester aber, wenn die fetten kleinen Verführer wieder Hochkonjunktur haben, sollten wir die Extravaganzen der Neuzeit nicht passiv hinnehmen. Deutsche Frauen und deutsche Männer sollten wieder dazu übergehen, Kreppel selbst zu backen, denn kein Bäcker stellt noch die mit Senf gefüllten Gaumenscherze her. Gerade die haben einen unvergessenen Beitrag zur Entwicklung des deutschen Humors geleistet.

Kleiner Rückblick in großer Wehmut

Von den erschreckenden Überfällen in den öffentlichen Verkehrsmitteln will ich hier nicht reden. Mir reicht es, wenn ich lese, dass ein Kind von Jugendlichen misshandelt und beraubt worden ist. Oft sind die Täter gleichaltrig. Kinder unserer Zeit sind sie allemal, und die ist nicht von Pappe. Wir Zaungäste schütteln den Kopf leer und blöd, doch wir lassen die Jugend nach Belieben ihre Opfer prügeln und peinigen. Wer heute die Sprache der Gewalt redet, den lässt die Mehrheit ungeschoren, denkt sie doch umgehend an die Menschen, die ohne Grund krankenhausreif oder totgeprügelt wurden.

Boxer müsste man sein oder Kampfsport treiben, um die Welt ins Lot zu kriegen. Nur die Gesegneten mit Fäusten aus Eisen können sich noch ohne Angst und Blessuren für Anstand, Moral und Fairplay einsetzen. Früher war das anders. In der Nachkriegszeit wurde zwar vom Rest der Welt den Deutschen Zivilcourage und Einsatz für die Schwachen abgesprochen, aber es hätte mal einer von den unbeliebten Halbstarken versuchen sollen, einem zwölfjährigen Kind seinen Ranzen oder das Pausenbrot abzunehmen. Die zufälligen Zaungäste hätten dem Übeltäter in null Komma nichts Mores gelehrt. Schon unbeherrschte

Mütter, die auf der Straße nach ihren Kindern schlugen, wurden umgehend und von jedem, der der deutschen Sprache mächtig war, an den Pranger der öffentlichen Missbilligung gestellt. Einmischen, wenn es um Kinder, Alte und Wehrlose ging, war in den fünfziger und sechziger Jahren keine Sache der Theorie. Ich erinnere mich, als wäre es heute, wie meine Mutter, die wahrlich nicht gern Treppen lief, eine fremde Wohnung im zweiten Stock enterte. Dort teilte sie der verdutzten Hausfrau mit, wenn die noch einmal ihr zweijähriges Kind auf dem ungesicherten Balkon spielen lasse, hätte sie eine Anzeige zu erwarten. Ich kann heute noch nicht an dem Haus in der Frankfurter Bergerstraße vorbeigehen, ohne meine Mutter zu bewundern.

Kinder und Jugendliche, die in der Tram sitzen bleiben, wenn alte Menschen keinen Platz fanden, wurden von den Fahrgästen zum Aufstehen veranlasst, ehe der Schaffner Zeit hatte, den Mund aufzumachen. Heute beanspruchen die Jungen und Gesunden nicht nur einen Sitzplatz für sich. Es stört sie bereits, wenn ihnen ein Gesicht oder eine zufällige Geste missfallen, und schon schlagen sie zu. Wer schweigt, ist nicht gleichgültig. Er hat begriffen, dass im Kampf gegen das Böse die Empörung der alten Art keinen Pfifferling wert ist.

Wenn die Meisen einen Vogel haben

Er war kein schlechter Kerl, er tat nur seine Pflicht, als er uns das Fürchten lehrte. Vom Februar ist die Rede, von Schnee und Eis und Winterfrust. Zwei Tage noch, dann trommelt es aus allen Ecken, dass der Bursche mit der vereisten Zackenkrone in die Flucht geschlagen ist. März, der dritte Monat von den zwölfen, war immer schon ein Hoffnungsträger. Er pflanzt Veilchen in den Vorgärten, komponiert Musik für jede Jahreszeit und schaukelt sein Kind mit dem Lied Warte nur ein Weilchen in den Schlaf.

Für den ersten Tag vom März melden die Wetterfrösche den meterologischen Frühlingsanfang, für den 20. den kalendarischen. Spatzen zwitschern Lebensfreude, Tauben gurren von der Liebe, und auch die Meisen haben einen Vogel. In den Blumengeschäften zeigen Tulpen, was Gärtner können, Narzissen schreiben Gedichte. Das hat schon Goethe getan. Allerdings hat der lebenskluge Meister zur Vorsicht gemahnt. Er bläut vorschnellen Optimisten ein: Die Schwalbe selber lüget. Warum? Sie kommt allein.

Ich gestatte mir den Hinweis, dass Schwalben gemeinhin den Sommer verkünden. Im März haben wir ganz andere Freunde. Herzensnah steht mir der Märzhase. Weshalb? Ich bin mit einem Mädchen namens

Alice aufgewachsen, dem das unglaubliche Glück vergönnt war, an einem Sommertag auf einer Wiese einzuschlafen und im Wunderland aufzuwachen. Den Märzhasen, der eine schlafende Haselmaus als Ellbogenstütze benutzt, lernt sie auf einer Teeparty mit einem verrückten Hutmacher kennen. Nimm dir etwas Wein, lädt der Märzhase Alice ein. Sie sagt: Ich sehe keinen Wein, und er antwortet: Ist auch keiner da. Das ist die Logik, die Menschen einleuchtet, für die Mathematik eine Folter war.

Mein ganzes Leben habe ich Ausschau nach einem Märzhasen gehalten. Immer vergeblich. Auch das hat seine Logik. In Deutschland würde man einen Märzhasen als Zumutung für alle Werktätigen diffamieren. Bestimmt würde ihm Herr Westerwelle kein Kohlblatt aus dem Hartz-IV-Programm für Mümmeltiere gönnen. Das englische Langohr spült ja noch nicht einmal seine Teetasse aus. Nach Gebrauch rückt er einfach zum nächstsauberen Gedeck weiter. Deutsche Hasen sind fleißig und strebsam; sie legen schon im März Eier aus Nougat und Marzipan und machen zu Ostern Überstunden bis tief in die Nacht. Mein Märzhase ist ein arbeitsscheuer Schwätzer, aber als Kinderbeglücker reicht ihm keiner das Wasser.

Mit Sellerie und Steckrüben zurück ins Gestern

Sie hat stundenlang Pflaumenmus gerührt, den Sauerbraten selbst eingelegt, aus Sellerie, Steckrüben, Graupen und Bauchfleisch einen Eintopf gezaubert, wie ihn heute kein Sternekoch mehr hinbekommt, Brot und vor allem den besten Käsekuchen der Welt gebacken. Spatzen, die das Glück hatten, die Krümel aufzupicken, jubeln noch heute. Von Oma ist die Rede. Ihr Fleiß und ihr stilles Heldentum, ihre Sparsamkeit und Opferbereitschaft wird selbst von Mampfern beschworen, die Döner, Pizza, Fischstäbchen und Kaffee im Pappbecher für einen Genuss halten.

Oma in der geblümten Kittelschürze und mit dem adretten Haarknoten hat den Ihrigen mit strengem Blick allzeit klargemacht, was auf den Tisch kommt, wird gegessen. Das klingt heute super garstig und entsetzlich despotisch, trotzdem wird von den großmütterlichen Kochkünsten kolportiert, sie wären ein Vorgeschmack aufs Paradies gewesen.

Derzeit wird das Loblied auf die Küchenherrlichkeit von vorgestern wieder einmal ganz laut gesungen. Es ist eine unendliche Geschichte. Der Buchmarkt bietet Titel wie Heimwehküche, Rezepte für die Seele und das Heimweh-Kochbuch mit dem Untertitel Gerichte, die wie zu Hause schmecken, an. Wer die Bilder sieht und die Rezepte liest, den drängt es in allen Geschmacksnerven, dem Brühwürfel den totalen Krieg zu erklären, das eigene Sauerkraut zu stampfen und staunenden Enkeln die Geschichte von Esau zu erzählen, der sein Erstgeburtsrecht an seinen Bruder Jakob für einen Teller Linsen verkaufte.

Dass die Oma-Nostalgie sich immer wieder auf die falsche Fährte begibt, wird indes meistens übersehen. Großmütter von heute haben selten einen eigenen Gemüsegarten, sie schwenken keine Lauchstangen, kaufen ihre Nudeln im Supermarkt und beleidigen das junge Gemüse nicht mehr mit pampigen Mehltunken. Omi legt heute Wert darauf, mit der eigenen Tochter verwechselt zu werden. Sie trägt ihre Jeans eng, ist berufstätig, hat einen prallen Terminkalender und spielt lieber Tennis, als dass sie im Schaukelstuhl sitzt. Bei Sahnetorte schüttelt sie den Kopf, und wenn sie klug genug ist, die Zeit zu durchschauen, weiß sie, dass ihr Enkelchen lieber mit einem Handy spielt oder Fingerfarben an die Fensterscheibe klatscht, als sich mit Rotkäppchens Erlebnissen zu beschäftigen. Eine Großmutter, die ihren Nachkommen vorschlägt, am Kindergeburtstag Blindekuh zu spielen, hat nichts zu lachen; sie sollte sich ein für alle Mal die verständnislosen Blicke aus unschuldigen Kinderaugen zu Herzen nehmen.

Die Heroinnen des Alltags, die für Kinderkummer Schokoladenpudding anboten, Grieß für eine Gottesgabe hielten und Sonntagskuchen gebacken haben, an die sich auch gestandene Manager nur mit Tränen erinnern, sind heute Urgroßmütter. Wer also nicht von Zeit zu Zeit Hausputz in seinen Träumen macht, sitzt ganz schnell im falschen Zug.

Hauptsache, das Handy steckt
in der Tasche

Wie haben wir eigentlich gelebt, ehe die Handys auf uns niederkamen? Drängelten wir uns vor Telefonzellen, schlugen wir die Trommel, schickten wir Brieftauben los oder zweifüßige Boten? Es ist kaum noch vorstellbar, wie wir in der Frühzeit der Kommunikation den Klempner ins Haus holten, die Teenager bei Laune hielten und von der Freundin erfuhren, dass ihr Mann in fremden Gärten weidete und ihr Chef auf schwarze Unterwäsche stand.

Es existieren Beweise, dass der Mensch von vorgestern nicht ohne Ansprache war. Er schrieb Briefe und Postkarten und freute sich enorm, wenn andere das Gleiche taten. Das ermunternde Wort »Schreib mal wieder« war ihm Lebenscredo, die Füllfeder heilig. Selbst krankhafte Pessimisten befürchteten nicht, dass ein uniformierter Mensch – Briefträger genannt und immer pünktlich – nur Rechnungen und Reklamesendungen abliefern würde. Aus Amerika schrieb die Tante, aus Linsengericht die ehemalige Nachbarin, und Kinder, die ihr Schönschreibheft vollkleeksten, bekamen zu hören, es würde mit ihnen böse enden.

Das ist alles passé. Eine schöne Handschrift zählt nicht mehr, orthographisch richtig braucht keiner mehr zu schreiben. Hauptsache, das Handy steckt in der Tasche. Wie sonst soll ein Kind die Eltern vorwarnen, dass es seine Jacke verloren und eine Fünf in Mathematik geschrieben hat? Ohne Handy müssten Bahnreisende auf den Chor der Männerstimmen verzichten, der bei der Einfahrt in die Bahnhöfe »Schatzi, stell das Kaffeewasser auf« säuselt. Und wie liebenswürdig wirkt doch unsere Jugend, wenn sie allerorten »Ich auch« in den Apparat haucht.

Grau wäre das Straßenbild ohne das Heer von telefonierenden Frauen, die, sobald es klingelt, die Kernfrage »Wo bist du?« stellen. Das Baby im Kinderwagen greift nicht mehr nach der Rassel. Mamis Handy braucht der Wonneproppen, sollen sein Augen strahlen. Vorerst begnügen sich Hunde noch mit Wau und Knurr und Beinchen heben, aber warten wir nur ein Weilchen, dann gibt es Hundehalsbänder mit Handytaschen und Bulldoggen, die beim Gassigehen, statt zu schnüffeln, telefonieren. Wie haben sich Menschen früher ohne Handy die Zeit vertrieben, was taten sie in Kaufhäusern, auf der Straße, beim Friseur und auf der Parkbank? Haben sie geschwiegen, gelesen, gelacht, ihre Kinder angelächelt und Tauben gefüttert? Jedenfalls haben sie nicht pausenlos Unsinn verzapft. Das beweist das weise Sprichwort: »Reden ist Silber, Schweigen ist Gold.«

Gute Menschen und böse Mädchen

Jede Zeit hat ihre Mode – in Wort und Bild und Vorstellung. Der Gentleman trägt heute weder Gamaschen noch Überzieher und er sucht sein Glück nicht bei den Frauen, denen er die Hand küsst und Taschentücher aufhebt. Der Stopfpilz, der das zu reparierende Loch sichtbar machte und einen festen Platz im Nähkörbchen hatte, ist nicht mehr. Auch das Nähkörbchen, aus dem die Damenwelt plauderte, ist out. Es wird nicht mehr geplaudert. Um Gerüchte in Umlauf zu setzen, empfehlen sich chatten, simsen und bloggen. Wer alte Menschen Senioren nennt, decouvriert sich als Auslaufmodell. Bestager sind die Powermenschen, die in ihrer Jugend für Tropfkerzen beim Chianti schwärmten und von einer Vespa träumten. Es bleibt eben nichts, wie es war. Noch nicht mal der Schuster bei seinen Leisten. Schuster gehören zu einer aussterbenden Gattung – Menschen, die neue Sohlen haben wollen, ebenso.

Auch geschieden wird anders als früher. Fontanes Romanheldin Effie Briest war nach der Scheidung gesellschaftlich erledigt und gesundheitlich ein Wrack. Obwohl ihr Ehebruch rein theoretisch gewesen war, ließ Fontane sie mit achtundzwanzig Jahren sterben. Brave Mädchen lernten durch die unglückselige Effie eheliche Treue hoch zu schätzen, böse Mädchen merkten sich, dass es brandgefährlich ist, Liebesbriefe von Drittpersonen in einem Handarbeitskorb zu verstecken. Seitdem hat sich die Welt im Höllentempo weitergedreht. Geschieden wird nicht mehr mit erhobener Kämpferfaust. Überdeutlich machen das die Promis, die als frisch Getrennte ja einen unglaublich starken Drang haben, Privates öffentlich zu machen.

Gerade lässt die Schauspielerin Christiane Neubauer jedermann und allerorten wissen, dass ihre Scheidung von Tisch und Bett nicht eine Trennung der Herzen bedeutet. Frau Neubauer will weiter unter demselben Dach leben wie ihr Mann, mit dem sie zusammen Tränen über den Verlust ihrer Liebe weint. Beide wollen weiter für den gemeinsamen Sohn sorgen. Wie rührend! Söhnchen ist neunzehn Jahre alt und somit nicht nur volljährig, sondern in einem Alter, in dem elterliche Fürsorge selten willkommen ist.

Warum gelingt so großartiges Verhalten nicht auch den Ehepaaren Mayer und Mustermann? Viele Leute streiten sich bei der Scheidung wie die Kesselflicker um Waschmaschine, Rentenausgleich, Kind und Hund. Sie schwören der Liebe auf immer ab und rühren morgens depressiv im Kaffee. Aber sie machen aus ihrem Herzen nie eine Mördergrube. Ich schätze Menschen, bei denen ich weiß, woran ich bin. Sie wirken so lebensecht.

Inhaltsverzeichnis

Romane von Stefanie Zweig

Nirgendwo in Afrika
384 Seiten, ISBN 978-3-7844-2802-4

Irgendwo in Deutschland (CD)
Gelesen von Gaby Dohm
4 CDs, ISBN 978-3-7844-4043-9, Langen*Müller* | *Hörbuch*

Owuors Heimkehr
224 Seiten, ISBN 978-3-7844-2913-7

Auch als Hörbuch, gelesen von Gaby Dohm
4 CDs, ISBN 978-3-7844-4037-8, Langen*Müller* | *Hörbuch*

Nur die Liebe bleibt
320 Seiten, ISBN 978-3-7844-3051-5

Vivian und Ein Mund voll Erde
208 Seiten, ISBN 978-3-7844-2842-0

Wiedersehen mit Afrika
320 Seiten, ISBN 978-3-7844-2894-9

Auch als Hörbuch, gelesen von Gaby Dohm
4 CDs, ISBN 978-3-7844-4014-9, Langen*Müller* | *Hörbuch*

... doch die Träume blieben in Afrika
384 Seiten, ISBN 978-3-7844-2697-6

Langen*Müller* www.langen-mueller-verlag.de